人間を幸福にしない資本主義

ポスト「働き方改革」

CAPITALISM THAT DOES NOT
MAKE PEOPLE HAPPY

POST "WORKSTYLE REFORMS"

早川行雄

旬報社

資本および人口の停止状態なるものが、必ずしも人間的進歩の停止状態を意味するものでないことは、ほとんど改めて言う必要がないであろう。停止状態においても、あらゆる種類の精神的文化や道徳的社会的進歩のための余地があることは従来と変わることがなく、また『人間的技術』を改善する余地も従来と変わることがないであろう。そして技術が改善される可能性は、人間の心が立身栄達の術のために奪われることをやめるために、はるかに大きくなるであろう。

J・S・ミル『経済学原理』岩波文庫：末永茂喜 訳

資本独占は、それとともに、かつそれのもとで開花した生産様式の桎梏となる。生産手段の集中と労働の社会化とは、それがその資本主義的な外皮とは調和しえなくなる一点に到達する。外皮は爆破される。資本主義的私有の最後を告げる鐘が鳴る。収奪者が収奪される。

カール・マルクス『資本論』岩波文庫：向坂逸郎 訳

功績の概念にはさまざまな解釈があり、それらの解釈の間には鋭い対立が生じ得る。これに対して必要度の概念の解釈にはもっと統一性があるように思われる。「不平等」の概念など「分配上」の判断を下すための基礎として、必要度は功績よりも高い優先順位をもつべきだと論じる余地があるように私には思われる。

アマルティア・セン『不平等の経済学』東洋経済：鈴木興太郎・須賀晃一 訳

はじめに

私たちはいま、資本主義市場経済が日常生活の隅々にまで行き渡った社会で暮らしている。この既存システムの下で、私たちは幸福になることができるのだろうか。そもそも資本主義とは何であったのか。本書はこの素朴な、しかし根源的な疑問を共通の分析視点としながら、ここ数年の間にいくつかの媒体に公表してきた論考の中から主要なものを集めて構成されている。

かつてJ・J・ルソーは、不平等の起源を私的所有権の確立と国家によるその保護に求めた。これに対しアダム・スミスは、私的所有のそうした影響を認めつつも、所有権の保護が生産活動へのインセンティブを高め、その結果としての経済成長が底辺の人々の生活水準をも向上させることを重視した。経済が大きく成長する時代にあっては、スミス的な底上げ論にも説得力があり、事実近代社会はそのような経済成長を原動力としつつ発展してきたといってよい。

もとより先駆けて工業化を進めた先進国における成長の陰には、南北問題として顕在化した発展途上国や最貧国の犠牲があった。これら諸国にあってもモノカルチャー経済から輸入代替工業化の過程で国民所得の底上げが生じていたとしても、先進国による経済侵略の結果、伝統的な文化や社会が崩壊する一方で、市場の貨幣価値に換算された名目的所得水準が僅かばかり底上げされたことが、本当の意味で幸福をもたらしたとは考えにくい。資本主義のもとにおける経済成長は、問題を解決するのではなく、危機を先送りする時間稼ぎであったとみるべきなのであろう。

一方で昨今のように、先進国、新興国をはじめとして世界的に実体経済の成長が鈍化し、さらに金利の消滅とともに経済が停滞する時代においては、金融市場の規制緩和を媒介しつつ、株式のような擬制資本さらには想定元本に基づいた金融派生商品のような究極の擬制資本のみが利潤拡大の源泉となってゆく。とはいえ、バーチャルな金融市場が打ち出の小槌のように富を生み出すわけではない。富の真の源泉は実体経済が産出した付加価値以外にないのであって、端的にいえば資本の自己増殖は労働所得の抑制による労働分配率の低下によってのみ可能となるような状況が出現しているのだ。この点については第1章で触れている。

現在進行中の「働き方改革」にいたるこの間の労働市場の規制緩和こそが、そうした労働から資本への逆再分配を促進する梃子の役割を果たしている。これらが今日の日本経済に及ぼした結果については第2章（および第6章1）で、「中間層」「非正規雇用」「中小企業」などの切り口から若干のデータとともに紹介することにより、いまや資本主義というシステムによって市場経済を動かすこと自体が格差や貧困の根因となっていることを明らかにする。そこで必要とされるのは、新たな時間稼ぎの方便ではなく、ポスト資本主義に向けたパラダイム転換である。これらについては第6章2で詳述している。

アベノミクスや日銀の異次元緩和、あるいはＴＰＰなど個別の経済・通商問題については第3章および第7章で分析している。いずれも政策課題としての論議における初期段階で執筆したものだが、今日から振り返って、争点がどのように展開してきたかを検証するための材料にはなるのではなかろうか。第5章は、プロの労働運動家の観点からする春闘の歴史的総括である。春闘もまた資本主義市場経済の迷走に翻弄されてきた側面を持つ。そして第4章は現代社会を大雑把に俯瞰した現状分析であり、経済については定常化、政治については再封建化を要となる概念として用いている。

各章は、もともと独立の論考として執筆されたものなので、章立てにかかわらず、関心のあるところから自由に読んでいただいてさしつかえないと思う。本書が、多少なりとも読者の問題意識に応え、危機意識を触発する一助になれたならば幸いである。

2019年7月

目次

第4章　定常状態経済と社会の再封建化

第5章　危機に立つ春闘

第1章

資本主義の黄昏

1　20世紀文明の終焉

ミネルヴァの梟は黄昏に羽ばたく。ヘーゲル『法哲学』序文の一節だが、いかなる叡智といえども、事象の本質を認識し得るのは、その事象が完結して終わる頃合いに至ったときであるとの趣旨だ。マルクスはこれを批判的に継承し『経済学批判』の序言で、変革の時期を、その時代の意識から判断することはできず、現存する対立から説明しなければならないとして、生産力の発展が経済体制の桎梏に転化することを説いた。今日この対立は1％対99％の軋轢として極点に達しているかにもみえる。はたして私たちは、近代の頂点を極めた20世紀文明という事象の本質を、遂に知り得る地平に到達したのだろうか。

近代社会の経済的基盤たる資本主義の起源については諸説あるが、産業革命を端緒とし、スミスの『国富論』をその理念的支柱とするのが順当なところだろう。スミスは市場経済（商業社会）に、絶対主義の頸木から解き放たれた市民的自由の淵源を見出し、それ故に重商主義の排他的特権およびそれと一体をなす株式会社制度を排撃した。しかし資本主義はスミスの楽観的予見どおりには発展せず、『企業の理論』でヴェブレンが明らかにしたように、古典的自由競争時代に物的厚生水準の向上を目指すとされた牧歌的な産業活動観は後景に退き、金銭的利得動機に基づく営利企業の市場支配がそれに取って代わる事態が出来した。これはポランニーが『大転換』において19世紀文明を、社会的生産と分配の秩序が、労働をも擬制商品に変える自己調整的市場という悪魔のひき臼に引き込まれる過程として描いたことと符合する。

20世紀初頭は、自己調整的市場というフィクションが失業と貧困、最終的には大恐慌によって破綻を来たした時代であった。こうした時代状況へのひとつの解答がニュー・ディール政策である。ハーバード大学、タフツ大学の7人のエコノミストによって『アメリカ民主主義のための経済綱領』が起草され、政府の介入による社会的厚生の再構築が図られた。世に言うケインズ革命の一環である。はたして資本主義は生まれ変わったのか。第二次大戦後の不況なき黄金時代にあって、1950年代には都留重人の論稿『資本主義は変わったか』を契機にガルブレイス、スウィージー、ドッブらによる国際論争も展開された。

しかし永遠の繁栄をもたらすかにみえた20世紀福祉国家も、1970年代には国際的格差と貧困の拡大という南北問題や環境破壊などの不都合な現実が覆い難く露呈し、ロビンソンは「経済学第二の危機」として警鐘を鳴らしたが、固定相場制の崩壊と原油価格の高騰を直接の要因としつつ、歴史の後景に退いていった。宇沢弘文は『近代経済学の再検討』において、市民的権利を充足する社会的共通資本の政府規制または公共投資を通じた共通資本の蓄積を、経済学の危機を乗り越える方途として提唱した。

しかし実際に台頭してきたのは、暮らしを豊かにする物的厚生より貨幣換算された企業利益の極大化に狂奔し、『貨幣理論における反革命』を標榜するフリードマンらマネタリストの市場原理主義であった。マネタリストの反革命は、投機的にキャピタルゲインを追い求めるカジノ資本主義に帰着したが、その基礎をなした錬金術的金融工学が、サブプライム危機からリーマン・ショックを惹起して破綻した顛末は周知のとおりである。

水野和夫は近著で資本主義の終焉を語っているが、ポランニーに倣えば、私たちは20世紀文明の終末に立ち会っているのかも知れない。暮れなずむ資本主義の黄昏を目の当たりにしたとき、ミネルヴァの梟は、その本質と現状を正確に認識できなければならない。20世紀文明の再生か超克か、向かうべき方向を明らかにしながら、歴史の転轍機を切り替える、ポスト資本主義へのパラダイムシフトが焦眉の課題となっている。

2 政治支配に対抗する社会契約の再構築

現代は非政治的領域がほぼ消滅したといっても過言でないほど政治の干渉が肥大化した時代である。政治干渉は権力の行使にほかならない。現代における政治権力は、人間の営みとして、諸個人の自由を保障しながら社会の調和を保つという政治本来の姿から大きく逸脱し、人々の生活を包み込む経済の分野に止まらず、科学、芸術、宗教など他の文化的領域をも深く浸食している。それはあたかも人知の及ばぬ不磨の掟のように人間を支配するに至り、資本主義の腐朽化とともに第二次世界大戦後に階級和解として成立した福祉国家の社会契約は反故にされてきた。

一見抗いがたく制御不能にも思える政治化の時代は、一面において各種議会選挙の低投票率に象徴される政治的無関心の拡散する時代でもある。政治的領域が拡大しその影響力が強まるほど無関心が日常化するという奇妙な逆相関はなぜ生じるのであろうか。政治学者の加藤節は蔓延する政治的無関心に5つの要因をあげている。すなわち、①政治メカニズムの国際的拡大と複雑化、②官僚化、非人格化した組織に組み込まれた個人と社会の断絶、③利権や党利党略で抗争する政治屋的「おぞましさ」への嫌悪、④視聴率や販売部数に拘束されたメディアの影響力拡大、⑤現代人の多忙さ、がそれである。また政治的無関心は洗練された権力行使による政治的干渉の不可視化に由来するものとも考えられる。

これら2つの現代的事象は危機に立つ民主主義の両側面である。ただしここでいう現代の射程は少なくとも19世紀後半まで遡る。爾来、常に民主主義の危機とその克服に向けた格闘が繰り返されてきた。民主主義の歴史すなわち社会の民主化は、決して素朴で単線的な進化を辿ったわけではなく、常に近代と前近代、進歩と反動の相克によって跡づけられてきた。

いまもまた、ある自民党議員は国民に主権などないと公言しているが、これは安倍政権の本音である。彼らの脳裏には、主権者とは非常事態に関して決定を下す者（これは必然的に独裁者である）と定義したシュミットの『政治神学』があるのかも知れない。その彼らが緊急事態条項を改憲の俎上に乗せようとしている。まさに改憲は「ナチスに学べ」、である。民主主義の危機の時代にあっては、しばしば代議制批判などを媒介して国民主権を否定する政治思想がもてはやされてきた。その思想的淵源はおそらく、結果として専制政治の隠れ蓑となったグロチウスらの大陸自然法学派まで行き着くのかも知れない。

皮肉なことに、安倍政権によるあまりに粗暴で強権的な安保法案の国会審議が、むき出しの政治権力を可視化させ、多くの学生や市民が立憲主義の蹂躙に憤って反対闘争に起ち上がった。これまでの経過をみると言葉は悪いが、いまだなお強権政治への条件反射的な範疇に止まっているようにも思われる。この怒りを持続する変革の意志に転化する理論的根拠がいま問われている。詳細をここで論じることはできないが、その要諦は国家権力に対する主権者の優位、より本質的には政治に対する人間の優越性を、起源に囚われない普遍的価値として包含した社会契約に求められる。

安倍政権によって日本社会の軌道は戦争に向けて切り替えられた。あるいは日本の戦後史は徐々に戦争に向かう軌道上にあって安倍政権は単にそれを加速しただけなのかも知れない。いずれにせよ次のポイントでは平和に向けて転轍機を作動させなくてはいけない。もとよりそれで改革が成就するわけではなく、そこは社会変革の起点であり、そこからさらに永続的な民主化の営みが継続されねばならない。戦争という倫理規範からの究極的逸脱に抗して、平和のために、民主主義の道義的優位性を堅持した政治哲学を復権すること、それをもって、もっぱら主権者に依存した政治体制を構築し、精神的文化的豊かさをあまねく行き渡らすことができる市民社会を形成することこそ、現代政治におけるパラダイムシフトを牽引しようとする運動に課された至上のミッションなのである。

3　虚妄の金融資本主義

新自由主義政策の規制緩和は、労働市場と金融市場で集中的に進められた。なぜ金融市場なのか。預貸業務による金融仲介という本業を除けば、実物経済において財やサービスの生産を行わない金融機関の機能とは、長期停滞下において労働から資本へと所得を移転させることに、あたかも経済的合理性があるかのように見せかける壮大なフィクションにほかならない。資本主義の金融化を具体的な数字でみると、世界全体での金融資産総額（有価証券＋預金）は２０１０年末には２１２兆ドルに達し、リーマン・ショック前の水準を超えてしまった。これは当時の世界ＧＤＰ合計約64兆ドルの３・３倍に上る額である。

現在では世界の株価時価総額だけで世界ＧＤＰ（約70兆ドル）に匹敵する規模ともいわれる。極めつけがＣＤＳなどの金融派生商品（デリバティブ）の隆盛だ。デリバティブとは本来リスクヘッジの保険商品だが、実態経済に根拠を持たない想定元本に対するデリバティブが投機の対象となり、想定元本の累計残高はＢＩＳ（国際決済銀行）によれば２０１３年末で７００兆ドル（７京円！）にも達する。まさに金融市場が実体経済を凌駕する事態となっている。

この金融デリバティブの〝想定元本〟という表現は、現代金融市場の虚構性を示唆して象徴的である。これは利潤のレント（rent）化にほかならない。レントは元来地主の不労所得である地代の意味だが、一般に利子、配当などの不労所得生活者をレンティア（rentier）と呼ぶ。ケインズの予測に反し、金利生活者（rentier）は安楽死するどころか、あべこべに利潤のレント化を通して、「実業家」が不労所得に依存するレンティア化するという逆転現象が生じている。具体的には、企業部門や金融機関において生産的な投資に向かわない膨大な余剰資金は、過剰流動性として、金融市場においてキャピタルゲイン狙いで投機的に運用されることとなる。

これこそ、金融資本主義（いわゆるカジノ資本主義）が世界経済を席捲してきた背景である。これら余剰資金は税収として政府部門に移転するか、給与所得等として家計部門に移転することにより総需要を拡大できる。最も望ましいのは企業自身が有効で生産的な投資を拡大することであり、この観点から同じ企業部門内でも、下請け単価の適正化などを通して、常に償却不足傾向にある中小企業に余剰資金を移転することが有効であろう。だが、金融資本主義の隆盛は、実のところ民間企業を主体とした実物経済の衰退と表裏をなしている。金融機関は本業に軸足を戻して、成熟社会における社会的共通資本の諸事業に資金を供給することに専念すべきなのである。

4　不条理な社会をもたらした株式会社

（1）現代株式会社の発達史

資本主義成立の起点を何に求め、どの時代を資本主義の成立と規定するかにかかわらず、資本主義の初期から今日的な株式会社が存在した訳ではないことは明かである。株式会社が成立する以前の資本主義における企業の原初的形態は出資者が一私人の個人企業である。相対的に規模の大きな事業を行う場合には複数の出資者が資金を出し合う、今日でいう合資会社などのような持ち分会社が設立された。これらの企業形態は現在でも多く存在するが、当初は個別の事業が完了するごとに利益（または損失）を配分清算していた。

貨幣資本のさらなる集中と事業や企業組織の継続性を特徴とする株式会社の始まりは、17世紀初頭に設立されたイギリスやオランダの東インド会社（英１６００年、蘭１６０２年設立）である。しかしこれらは重商主義政策の下で国王から交易の独占権を与えられた勅許会社であった。18世紀の経済学者アダム・スミスは『国富論』において、交易を独占する株式会社を、国民経済や世界貿易の発展にとっての障害であると厳しく批判した。

市民革命を経た19世紀に入ると、近代的な所有権にかかわる法の整備が進み、ほぼ現在と同様な株式会社が誕生してくる。マルクスが『資本論』において、株式会社は山師と予言者の二つの顔を持つと論じたように、一方では少数の大資本による多数の零細資本の淘汰・収奪を促進して市場の独占化が進み、擬制資本（有価証券など）の破綻による信用恐慌（バブル崩壊）を惹起するなど、かつての勅許会社以上に社会進歩の阻害要因ともなるが、他面では信用制度を前提とした資本蓄積の最高形態であり、多数の出資者（株主）を利子生活者に転化することで、資本主義的枠組みの範囲内で私的所有を制限し、将来の社会的所有への通過点ともみなされたのであった。

ちなみにいえば大塚久雄も、ヒルファーディングの『金融資本論』に触発されつつ、経済学研究の端緒において、資本主義市場経済の発展段階を特徴付ける研究対象であると同時に、私的な性格を止揚しながらパラダイム転換の物質的基礎を準備してきたものとして、株式会社の発生史に着目したところである。

20世紀に入ると資本蓄積の最高形態である株式会社は、金融資本の拡大強化によって一層洗練された。株主層の拡大＝大衆化という株式市場「民主化」の逆説として、持ち株会社を中核にますます少数の株式保有で企業を支配するようになったコンツェルンが発達し、金融資本による不在地主のような寄生的支配が強まり、独占が経済民主主義を押し切る形で資本主義の最高段階への到達と腐朽化が進行した。

(2) 洗練された封建制という不条理

安倍政権の安全保障関連法制にかかわる国会審議の有様をみると、議会制民主主義が予定する適正手続きにあまねく違反し、憲法が為政者の権力行使を規定するルールにことごとく背いた反動の極みであり、立憲君主制以前の前近代への逆行として、社会の再封建化をみる思いである。しかし安倍政権は近代社会の鬼っ子として突然変異のように登場したわけではないし、たまたま希代の悪党が政権を握ってしまったわけでもない。

市場経済は資本主義システムの下で定常状態に逢着したが、そこに至る過程で社会の前近代への遡行が着実に進行してきた。経済的な支配権を握る特権階層が、そのことを通して政治権力をも掌握して人民を支配するのが封建制度。農業主体の中世・近世にあっては封建領主の土地所有が経済的支配権と政治権力の基盤であった。現代の再封建化現象は、市場における自由競争と政治的民主主義というフィクション（擬制）が、大企業への経済力集中と資本による政治支配が確立する過程で崩壊した結果として立ち現れたものと考えられる。

少なくとも政治的民主主義はGDPの単純な関数ではなく、あえて比喩的にいえば資本主義の発展過程のある段階で、両者を結ぶパラメータの符号が逆転するように思われる。そしてこの逆転を導いた主役として、株式会社の成立と発展が大きな役割を演じてきたのである。今日の経済の中軸をなす株式会社形式の巨大営利企業は、経済力の集中と合わせて政治権力の中枢をも掌握することで、法人税の軽減や各種の法人優遇税制、さらには輸出補助金的性格を有する消費税還付など税制上の特権を獲得している。

また営利本位の企業から国民生活を守る諸規制も構造改革などと称して緩和が進み、今日的にはTPP（環太平洋戦略的経済連携協定）など多国間投資協定にかこつけながら企業の利益機会拡大がはかられている。ここでは政治主体としての国家が経済主体としての企業の行動をコントロールする力を失い、かえってその利益に奉仕する組織に転化してしまっているのである。

国家のこの変容は、現代的に洗練された封建制とでもいうほかない。民主主義の深化を歴史的前進の尺度とすれば、歴史の進歩に対する反動を最も端的に示しているのは、新自由主義政策に基づく、公益産業から医療、教育にいたるまでの民営化である。民営化とは、ヴェブレン＝宇沢における社会的共通資本の最適な形態での建設とは完全に逆行して、社会的共通資本を国家の庇護を受けた（国家権力を私物化したというべきか）私的営利企業の領域に流し込むものである。

5 「戦後レジームからの脱却」の危うさ

資本主義の経済的な機能不善が顕在化する社会にあっては、明確な対抗軸を持った政治潮流や労働運動の台頭がない限り、必ず似非民主主義的大衆翼賛政治が跋扈するようになる。日本における安倍政権の登場もそのひとつの典型ととらえてよいであろう。安倍政権の一枚看板的経済政策であるアベノミクスも相当のアナクロだが、時代錯誤という意味においては「戦後レジームからの脱却」を掲げた安倍首相の政治姿勢こそ、その最たるものといえよう。安倍首相は1年で政権投げ出しに至った第一次内閣においては、「美しい国（逆から読めば、〝憎いし苦痛〟）づくり内閣」を標榜し、当初から国家主義的タカ派色も鮮明に、教育基本法改正、防衛庁の省への昇格、憲法改正に向けた国民投票法制定などを強行したが、メディアから「お友達内閣」と揶揄された閣僚の失言、不祥事、自殺などが相次ぎ、内閣支持率も急速に低下。発足一年後に病気を口実として辞任に追い込まれた。

第二次安倍内閣では、前回の蹉跌を教訓化したのか、国家主義的心情を隠蔽しつつ、景気対策や成長戦略といった経済政策と、その見かけ上の成果でメディアや有権者の歓心を買うことに腐心してきた。しかし、やがて内閣支持率も安定してきたとみるや、安倍首相は本性を露呈しはじめた。ひとつの転機は２０１３年４月28日に挙行された政府主催の「主権回復の日」式典であろう。沖縄では式典に強く抗議する「４・28『屈辱の日』沖縄大会」が開催されたが、政府式典には天皇・皇后を政治利用して臨席させ、その退出際には天皇陛下万歳を三唱してみせるという右翼モード全開の進行であった。いろいろと問題含みの式典であったが、メディアや有権者からの批判は、沖縄を除けば大きくないと見定め、安倍首相は国家主義路線の推進に自信を深めたものと思われる。

安倍首相は歴史修正主義の観点から、従軍慰安婦への日本軍の関与を認めた河野談話や侵略と植民地主義について謝罪した村山談話への嫌悪感を露わにしている。また２０１３年末には特定秘密保護法を成立させ、同時に設置した国家安全保障会議（日本版ＮＳＣ）を両輪として、ＮＨＫ役員人事への介入などと併せて言論・思想の国家統制に強い意欲を見せている。さらに同年12月26日には念願の靖国神社参拝を敢行して中国・韓国を激怒させ、アメリカは「失望」を表明した。これらの挑発的言動により中韓両国との尖閣、竹島を巡る領有権争いは緊張の度を高め、排外主義の世論を煽りながら、内閣法制局長官の首をすげ替えてまで集団的自衛権に関する憲法判断の変更（解釈改憲）にも手を染めた。

２０１７年の通常国会にはテロ対策を口実にした共謀罪の提出が画策されている。最終的には憲法９条を改正して戦争ができる国への再軍備路線（積極的平和主義？）に邁進しようとしている。

これらはいずれも安倍首相が目指す「戦後レジームからの脱却」路線上にあるものだが、大きな内部矛盾も含んでいる。すなわち一方で、「大東亜戦争」の侵略性はおろか無条件降伏敗戦の実態をも否定し、平和憲法下で築かれたレジームを破壊することは、ポツダム宣言を反故にし、ヤルタ体制後の世界秩序を覆すこととなり、世界のどの国からも容認されない。しかし同時に、異端の安倍首相といえども対米従属を本旨とする戦後保守政治の外交路線から逸脱することはできないし、日中関係においても政経分離を基調とした「裏安保」と称される共存体制を崩すこともできない。今日企図されているのは、近隣諸国の軍事的脅威を煽り立てて軍備を拡張せんとする「軍事ケインズ主義」とでもいうべき政策である。

戦後日本の政治体制において、こうした矛盾が爆発せずに温存されてきたのは、経済的な社会基盤の安定と、その上に立った民主主義バネがそれなりに作用していたからであろう。いま、そのいずれもが機能不全に陥り、矛盾を意に介さない反知性主義的デマゴーグを台頭させる政治モードが拡散しつつある。ここで必要なことは、あえていえば、民主党政権末期に野田首相が提唱した分厚い中間層の再構築ではなかろうか。大企業本位の成長戦略よりも、所得の公正な分配で民主主義の基盤となる経済的に均質な社会を再生し、ファシズムの温床を駆逐してゆくことが喫緊の課題である。

（「人間を幸福にしない〝資本主義〟（上）」デジタル版『現代の理論』11号（2017年2月5日）所収）

第2章

格差社会の実相と労働運動の役割

1　崩壊する中間層

格差社会を象徴するのは、所得倍増計画以降の高度成長の申し子であり、「戦後民主主義」を中心的に支えてきたとされる中間層の崩壊である。実証的な事例として1人あたりでみた可処分所得中央値の中期的な推移から中間層の所得動向を観察した調査がある。高田創（みずほ総所チーフエコノミスト）が「国民生活基礎調査」（2013年）を用いて、世帯可処分所得の名目値と実質値（CPI総合指数（2010年基準）で調整）の時系列変化を分析した結果によれば、名目、実質ともに1990年代後半をピークとして減少に転じ、実質値にいたっては1980年代の水準まで低下してきている。可処分所得の中央値が低下しているという事実は、中間層の所得水準が全般的に低下して、低所得層からさらに貧困層に転落するリスクが高まっている可能性を示唆していると高田は指摘する。(1)

次に近年における所得（年収）分布の変化をみておこう。**図1**は2011年から2015年の間における年収階級別の雇用者数増減を雇用形態別に分解したものである。この間に全体では正規の職員・従業員が48万人減少した一方で、非正規の職員・従業員は169万人増加している。特に年収300万円未満の年収階級で非正規雇用が大きく増加した。この年収階級では正規雇用者の減少が目立っているが、低い賃金のまま雇用形態もより不安定になった層が一定の範囲で存在するものと推察される。なお、この間の非正規雇用数の増減を年齢階層別に見ると65歳以上の層が大きく増加してお

図1　所得階層別雇用者数の増減（2011 ～ 2015）

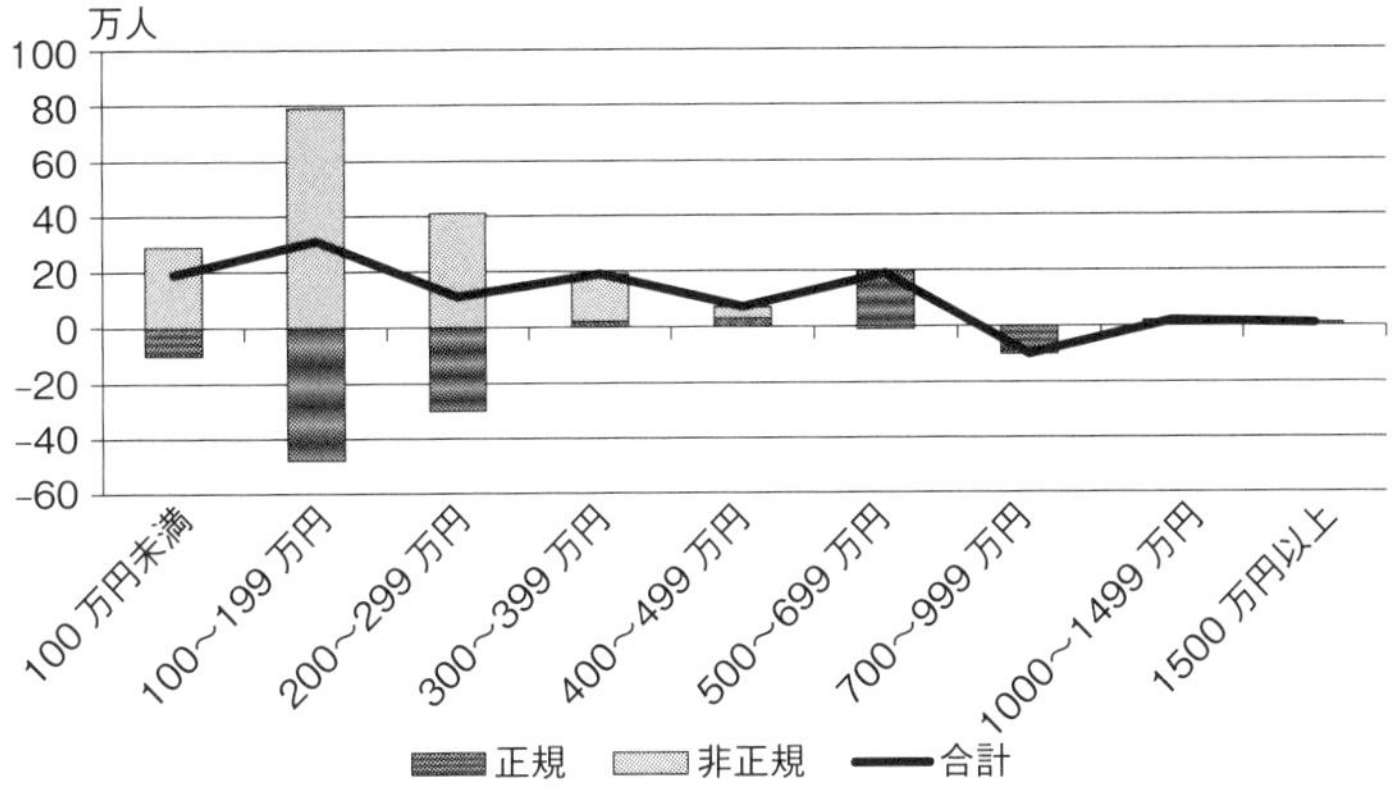

資料出所：総務省「労働力調査（詳細調査）」

り、年齢階層別の低賃金労働者比率でも60歳以上層では概ね4人に1人が低所得となっていることなどから、高齢者層の労働力化の影響にも留意が必要である。正規雇用については年収500～699万円層の増加が目立つ。しかしひとつ上の年収階級である700～999万円層の雇用者は逆に減少しており、増加の一部は上級階層からの下降であると考えられる。ここで見落としてはならないことは、分厚い中間層の存在はもっぱら経済の安定に必要とされるに止まらず、政治的民主主義が実効を伴って機能するための社会的な基盤でもあったということだ。

海外における先行研究をみると、米国や欧州でもこうした中間層の没落が顕在化している。例えばトーマス・A・コーチャンによると、米国では「1947～79年の間に、生産性と実質賃金はともに年間約2～3％の割合で上昇した。この成長の足並みは80年前後に崩れはじめた。80～2010年の間に、生産性は約

84％上昇したが、平均世帯収入の伸びは10％、平均時給の伸びは5％だった」[2]。またヴォルフガング・シュトレークは近著[3]において「新自由主義革命の決定的成功を目に見える形で一番はっきりと示しているのは、民主主義的資本主義諸国における収入および資産の持続的な格差拡大だ」とし、「ドイツについて言えば、この発展が産業別賃金決定制度の統合力の弱体化、および労働組合の力の喪失と密接に関係している」と述べている。これらの研究を参照する限りでは、労働組合の交渉力の変化に関わる分配の歪が実質賃金の伸び悩みに帰着するのは、新自由主義的経済政策が浸透した先進工業国に共通の現象であると捉えるべきなのであろう。

腐朽化した資本主義は、専ら勤労中間層に対する収奪の強化によってのみ延命が可能となっていると判断すべきデータは枚挙にいとまがない。

2　非正規労働者の著増が意味するもの

「中間層」の崩壊というコインの裏側では雇用労働者の4割近くが非正規雇用で占められるという雇用の劣化が進行した。中期的に振り返ると、1980年代には労働時間の短縮は滞り、国際的にも日本人の長時間労働が問題視された。1988年には改正労働基準法が施行されるとともに、1980年代末から1990年代にかけては、完全週休2日制の広がりなどもあって労働時間が短縮された。この間の労働生産性上昇による果実の大半は、短時間労働者の増加を主因に総実労働時間の短縮に配分された。2000年代に入ってからは、2002年2月以降2008年2月に至る73か月におよぶ戦後最長の景気拡大過程の下で労働生産性は引き続き上昇したものの、実質賃金はむしろ低下基調となり、2010年以降は総実労働時間も若干の増加に転じたことから時間当たり実質賃金はマイナス圏の推移となっている。

一方、現金給与総額（月次）の推移についてみると、一般労働者の給与がピーク時の水準を回復していない一方、パートの給与は漸増傾向になっている。しかし、パート比率の上昇を受けて、常用労働者全体としての現金給与水準は1997年をピークに大きく低下してきた。2010年以降の傾向をみると、パート、一般労働者ともに給与水準が上がっているにもかかわらず、パート比率上昇の結果、雇用者全体としての給与水準は弱含み横ばい程度に止まっている。[4]要約すれば、労働生産性上昇は賃金にも労働時間にも反映されず、低賃金短時間労働の非正規雇用比率上昇が全社会的な労働条件の改善を著しく妨げていることがわかる。

非正規雇用労働者の増加は、労働市場の質的な変化を媒介にして、国民経済全般の構造的な変化をもたらすに至ったと考えられる。日本の労働市場は正規と非正規の二つの雇用形態に分断され、それぞれが独自の動き方をしている。昨2016年12月の有効求人倍率を例にとれば、全体の有効求人倍率（季調値）は1・43と高い水準にあるが、正社員は0・92と1・0を下回り、特に一般事務職については0・33（実数）に留まっている。一方、パートの有効求人倍率は1・73まで上昇している。このような、かつては存在しなかった労働市場の分断が既存の経済理論や経験則を無効化し、経済情勢

図2　非正規比率と労働分配率

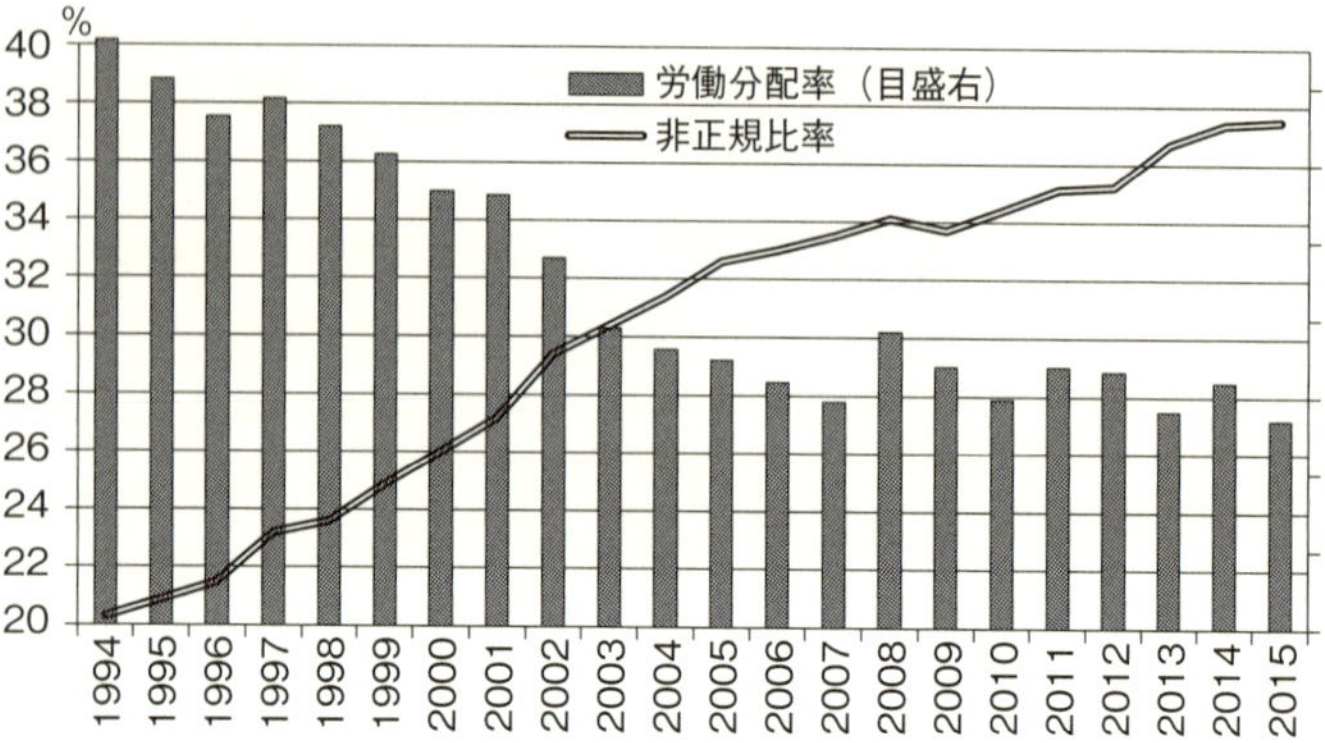

資料出所：内閣府「国民経済計算年次推計」、総務省「労働力調査」

認識や経済政策判断を大きく誤らせた根本要因となっている。

マクロベースでみた労働分配率と非正規比率の相関についてもみておくこととしよう。**図2**は、雇用流動化政策による労働市場の構造変化の下における、1人当たり労働分配率（1人当たり名目雇用者報酬／就業者一人当たり名目GDP）と非正規労働者比率の推移を示している。一見して明らかなように、非正規比率の上昇が労働分配率を押し下げるという逆相関が表れている。ちなみに、賃金交渉で賃金水準の要求根拠として、1人当たりの分配率を用いるのは雇用者数や就業者数の増減による影響を除いた実態をみるためであり、名目GDPを就業者数で除するのは、名目GDPには自営業者等の産出する付加価値が含まれているためである。1人当たり労働分配率の低下は、相対的に所得水準の低い非正規労働者比率の高まりが、雇用者報酬を大きく削減する効果を持ったためであり、その背景には常用代替によって人件費を中心とした固定費を削減し、損益分岐点引き下げを企図した経営施策があった。

歴史的役割を終えた資本主義は、不可避的に低賃金不安定雇用乱造装置と化す。いま求められているのは、労働市場の分断を修復する同一価値労働同一賃金原則を基軸とし、すべての雇用労働者を対象とする均等待遇の実現にほかならない。

3 放置される企業規模間格差

(1) 中小企業の生産性をどうみるか

2016年版中小企業白書は中小企業を巡る環境変化として、人口減少による国内企業における売上高の減少と労働力の供給制約が生じ、従業員の不足傾向がさらに強まることを予測しているが、後段は労働市場の実態に関する認識をミスリードする皮相な俗論である。売上高が減少し、当然に設備投資も低迷する経済は、政府の介入による需要喚起がなければ失業の増加が懸念される社会である。[5]

今日すでに労働力に対する総需要は横ばい圏にあり、マン・アワーベースでみた総労働投入も弱含みの推移となっている。労働市場が逼迫しているかにみえるのは、短時間非正規労働者の大量採用が擬似的なワーク・シェアリング効果もたらした結果とみなすこともできよう。このところ有効求人倍率のデータなどから人手不足が喧伝されているが、業種別に人手不足の状況を観察すると、最も深刻なのが宿泊・飲食サービス業であり、対個人サービスなどが続く。これらの業種では生産性(1人当たり付加価値）が低くて儲けがほとんどないため、賃上げもままならず、低賃金だから募集しても人を採用できないとされる[6]。

募集賃金水準や労働条件水準の低い企業には「募集しても応募がない」のが実態である[7]。この背景には、限られた付加価値の中から利益をねん出するために、人件費を削減してきたデフレ（売上高停滞）対応型の経営姿勢もみてとれる。いま人手不足と称される事態は、低付加価値、低利益、低賃金を余儀なくされてきた中小企業が陥った採用難と捉えるのが正確だろう。

そこで中小企業の生産性の現況であるが、白書は労働生産性を付加価値額／労働力と定義し規模間や業種間の比較を行っている。ここでの付加価値の内訳は営業利益高＋人件費＋租税公課＋不動産・物品賃借料とされる。付加価値が企業利益や賃金の源泉であることは明らかだが、付加価値の構成要素を検討するだけでは中小企業が抱える生産性問題の本質はみえてこない。付加価値のもう一つの定義である売上高－中間投入（外部調達費）に着目するならば、しっかりと売上を立てて付加価値額を引き上げない限り、生産性の向上は実現できないという構造が浮かび上がる。

中小企業にはふたつの顔があるとされる。親企業から収奪される「問題性」の顔と技能・技術、すなわち人材の集積主体としての「発展性」の顔である。白書は「ＩＴ投資や海外展開投資等の成長投資を積極的に行い、生産性向上や新陳代謝に取り組み、自らの稼ぐ力を向上させていくこと」に期待するとしているが、これらはもっぱら中小企業の「発展性」に着眼した提起である。しかしそれ以前に、近年、価格転嫁力の低下として顕在化している付加価値分配の「問題性」の克服が優先すべき課

図3　規模別1人当たり付加価値額

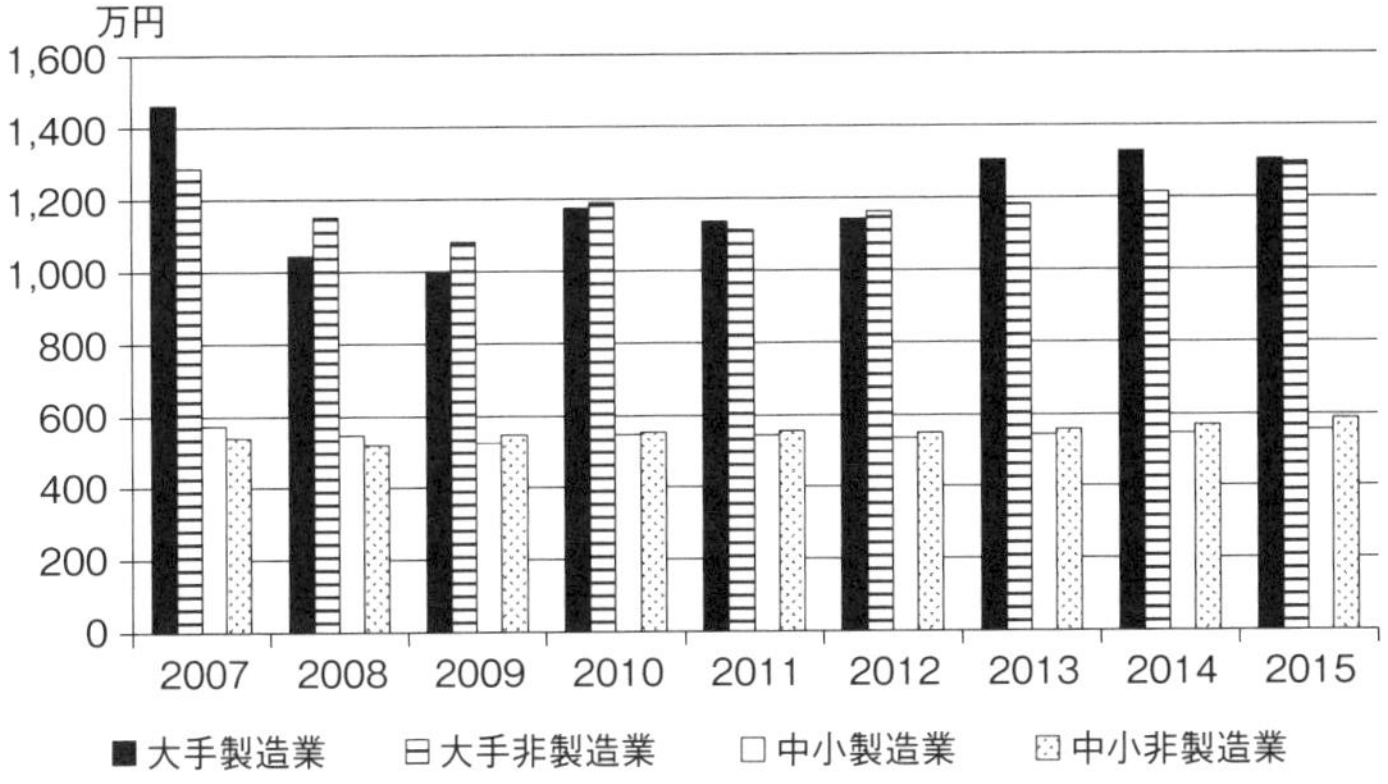

資料出所：財務省「法人企業統計年報」

題として存在している。

（2） 付加価値の適正分配とはどのようなことか

図3は資本金規模別の1人当たり付加価値額を製造業と非製造業について比較してみたものである。ここで注目すべきは、経年の変化よりも規模別にみた格差の大きさである。1人当たりでみた付加価値額の格差は歴然としている。製造業と非製造業の比較では規模が同様なら1人当たり付加価値額に大きな相違がないこともわかる。

付加価値が企業利益の原資である以上、1人当たり付加価値が大手の半分しかなければ、賃金が大手より低いとしても利益率の格差は避けがたい。低付加価値、低利益、低賃金の悪循環はデフレの根因である。この付加価値を増やすには、中間投入を与件とすれば取引単価を上げて売上高を増やすしかない。

連合は「サプライチェーン全体で生み出した付加価

値の適正配分」、金属労協は「バリューチェーンにおける付加価値の適正循環」を提唱して、中小企業の付加価値拡大を春闘方針の柱としているが、そこで目指すべきは取引単価の適正化に向けた公正取引の実現にほかならない。厳密にいえば、製造業における付加価値の適正配分とは、最終製品の価格を維持したまま下請単価を引き上げることでなければならない（大手の過剰な付加価値の中小への移転）。最終製品価格に下請単価上昇分が転嫁されれば、メーカーに新たな付加価値が生じて配分の適正化に逆行する上に、下請単価の上昇分を原資に賃金を引き上げても、最終製品価格が上がれば実質賃金を低下させる。

経済成長が問題を解決できる時代は終わった。より正確にいうならば、経済成長は問題を包み隠して先送りしてきたが、そういう時代は過去のものとなり、積み残してきた問題の解決が待ったなしに迫られる状況が訪れている。付加価値の適正分配が実現されることで「中小企業は、経済を牽引する力であり、社会の主役である」（中小企業憲章）ような、持続可能社会への道が拓かれる。

4　危機に立つ労働運動

（1）危機感の欠如

世界経済は画歴史的な危機の渦中にあり、わけても日本は安倍政権下で政治的、経済的破局の崖縁に立たされている。この期に及んで連合現執行部の危機感欠如には目を覆うばかりだ。「自民党との連立は条件次第」「自民党の政策とは距離感がない」といった耳を疑いたくなるような発言はどこから生じるのであろうか。おそらく現執行部は労働戦線再編の矢面に立った経験もなく、現実の党派闘争、路線論争の実績もないまま、反共主義や労使協調路線の遺伝子だけを受け継いだ、頭でっかちで度量の小さい小官僚体質なのであろう。２０１６年12月28日付日経新聞「真相・深層」によれば「「新しい民社党をつくった方がいいんじゃないか」」。連合執行部の中には、かつて保守系労組を中心に立ち上げ、自民党が長期政権を維持した55年体制下で連携したことがある民社党に言及する者まで現れてきた」という。もっともこうした勢力は昔から存在したのであって、危機の本質はこれら右派勢力に対抗すべき反主流派の影も形もみえてこないことである。

今日の連合運動を主導しているのは民間大手企業連である。筆者の所属するＪＡＭは、結成に当たって綱領的文書「ＪＡＭの理念―われわれはなぜ統一を進めるのか[8]」を採択し、大手企業連に傾斜する労働運動に歯止めを掛け、民間中小、官公労、大手企業連三者の均衡を基礎にした日本労働運動の再構築を目指している。しかし現実には企業連支配に歯止めどころか拍車がかかる始末となっている。結果として、すべての働く者のための運動は掛け声倒れに終わっている。振り返れば、ニューディール期のアメリカは会社組合を不当労働行為として禁止することで産業別労働組合を支援していたし、高度成長期の日本では企業別組合の弱点を克服する春闘が公労委の裁定や人事院勧告に反映する仕組みがあった。いずれも労働組合の交渉力を強化して賃金・労働条件を引き上げる戦略だが、資本主義が余力を失った今日にあって、大手企業連主導の連合は完全にこうした戦略を放棄してしまった。放棄しなければ資本主義そのものと対決する局面に不可避的に突入するからである。

労働組合は自発的結社としての原点に回帰しなくてはいけない。先輩達の闘いの成果であるユニオンショップによる組織強制やチェックオフによる組合費強制徴収といった制度の上に、執行部が胡座をかいているようでは労働運動に未来はない。最近交流を深めている中小企業の経営者団体は、例えば外形標準課税に対する取り組みで個別企業の利害を超えた反対運動を展開してきた。それを可能にしているのは、すべての中小企業の発展を目指すという共通目標に、自発的に参加したすべての経営者が一致団結して取り組むという姿勢があるからだ。労働組合は、このような中小企業経営者の運動にも学ばねばならない。

（2）危機の時代に開明的経営者と共に取り組むこと

わたしたちが構想する新しい社会は、全員参加を想定するものの、「一億総活躍」などという扇動的なスローガンとは根本的な価値観を異にする。英国の経済学者アルフレッド・マーシャルが「高尚なものにせよ低級なものにせよ、強烈な野望といったものをもたない普通の人間にとっては、ほどよく、またかなり持続的な仕事をもってほどよい所得を得ることこそが、真の幸福をもたらすような、肉体・知性および特性の習慣をつちかう最善の機会を与えてくれるのだ。」（『経済学原理』第3編第6章）と述べているように、それはそこそこの能力を持った労働者が、ほどほどに（ワーク・ライフ・バランスを保って）働くことで生活の安定と将来への安心が得られるような社会なのである。少なくともわたしたちが構想の中心に置くべきなのは、そうした普通の労働者でなければならない。たしかに普通の労働者の標準的働き方からは外れる者も想定される。一方ではマーシャルのいう「強烈な野望」的な情熱を自らの仕事に注ぎ込もうとする者もあろうし、他方には何らかのハンディキャップによって標準的な働き方になじまない者もあろう。全員参加の社会を構想するに際しては、これらの人々それぞれに対する育成や包摂の施策も欠くことのできないテーマではあるが、あくまでも労働市場の最大多数を占める普通の労働者に焦点を当てた政策こそが重要である。

長期雇用慣行や年功型賃金などを特徴とした「男性稼ぎ手モデル」は前世紀的な旧システムとして今日的にはほとんど機能していない。この変化を社会システムの転換としてとらえるならば、労働者とその家族を包摂する市民社会と企業が主体である市場の間で、規制主体としての国の介入を前提に結ばれた日本的社会契約、すなわち長期安定雇用や年功賃金を柱とした日本的雇用慣行および企業の法定外福利と専業主婦の無償家事労働を国の貧弱な社会保障制度が補完するという独特の福祉国家の基盤が揺らいでいることになる。企業は従来の雇用慣行を硬直的なシステムとみなして破棄する一方、国は困難に直面する企業部門を支援する産業政策に特化して、もともと脆弱な福祉の切り捨てに転じた結果、新自由主義的市場の論理が市民社会を併呑するかのような事態に立ち至っている。しかし転居転勤や長時間労働で労働者に過度の負担を強いるような無限定正社員の働き方と低賃金不安定雇用の非正規労働者に過度に依存し、労働条件の劣化を競争資源にしようとする一種の社会的ダンピングが、社会の持続可能性を妨げてきた結果、今日の経済的後退がもたらされたと考えられよう。

従っていま国（政府）の果たすべき役割、そしてそれぞれの労使が取り組むべき課題は、失われた何十年かの間に反故にされた社会契約の再締結に向けた真摯な努力と、その社会契約を基盤とした福祉国家の再構築でなければならない。とりわけ再生産可能な賃金を再生産可能な労働時間で稼得しうる働き方の確立は、こうした観点に立った労使の中期的な重点課題である。

ときあたかも、人工知能やロボットによるインダストリー4・0が話題を呼んでいる。かつての産業革命は蒸気機関にせよ内燃機関にせよ、はたまた情報通信技術にせよ人間の力を超えるものとして経済規模の拡大に資するものであったが、伝えられるインダストリー4・0はむしろ精神労働を含めた人間労働そのものに代替する技術のようである。そうであればこれは産業革命というよりむしろ働き方革命の技術としてこそ有効性を持つと考えられるのではないか。技術革新によって、従来の半分の労働投入で必要を満たす生産が可能になるとすれば、半分の労働者を失業させる資本の論理とすべての労働者の労働時間を半減させる労働の論理の攻防となる。技術革新を社会の持続可能性と公正労働基準を両立させ、労働生活の質的向上にむけて最大限に活用することが先進的労働運動の使命なのである。21世紀の新福祉国家に向けた「危機脱出の経済政策」が求められているということだ。

（3）パラダイムシフトを牽引する労働運動

連合は2008年10月に公表した見解「歴史の転換点にあたって〜希望の国日本へ舵を切れ〜」において、市場原理主義は終焉したとの認識を示し、歴史の転換点に当たりパラダイムシフトを牽引することを宣した。また2014～2015年度運動方針では、現状は大転換期にあるが、新自由主義的な政策が復活しつつある下で、さらにパラダイムシフトを進めるとしている。さらに2015～2016年度運動方針では、市民セクターとの連携を打ち出した。しかし労働時間の上限規制問題における日本経団連への譲歩が社会的批判に晒されるなど、活動実態は連合自らが表明したスタンスに背を向けつつあるようだ。

何故連合は勤労市民の要求や運動に連携できずに批判を浴びるのか。何よりも上記見解も含めて、自ら確認した方針にこだわりを持つことができていない。例えば原発の再稼働に関して、「連合の新たなエネルギー政策」（2012年）では「安全性の強化・確認を国の責任で行うことと（福島第一原子力発電所事故の知見を可能な限り反映した安全基準の策定）、周辺住民の合意と国民の理解を得ることが前提」としているが、この前提を何一つ満たさないなし崩し的再稼働の強行に際しても見て見ぬふりを続けている。また消費税率の引き上げについては、「連合第三次税制改革大綱」（2011年）で消費税を基幹税制と位置付けつつも「財政赤字の補填等のためだけに消費税率を引き上げることは国民の理解を得られない。将来の社会保障制度の維持・強化のために全額充当することを法律上明確にする」ことを確認している。それにもかかわらず昨今の財源補填的消費増税に対して知らん顔を決め込んでいる。これでは市民セクターとの連携などできようはずもない。

連合運動が大衆運動から乖離して行くのは、企業から自立できず産業・企業利害に捉われがちな企業別組合、とりわけ大手企業連が組織の中心に座っていることが大きな要因だ。これは「連合評価委員会報告」（2004年）においても「企業別組合の限界を認識したうえで、それを補完する機能を強化する必要がある」「多様性を包摂できない組織は滅ぶ運命にある。労働組合は、すべての働く者が結集できる組織でなければならない」と指摘されているところである。労働組合が真に自発的結社としての原点を回復するためには、4（1）で述べたユニオンショップ協定の負の側面、すなわち米国ワグナー法が禁止した御用組合（company union）に道を開く傾向（労働組合法第2条を厳格に解釈すれば、日本の企業別組合の大半は労組法上の組合とは言い難い）を克服しなくてはいけない。そうして、雇用形態を問わない個人加入を原則とした産業別労働組合の指導的な役割を強化すべく、労働組合法7条1号但書（過半数を組織する労働組合であれば、労働者がその労働組合の組合員であることを雇用条件とする労働協約を締結できる）の労働組合を産業別労働組合と読み替えて、産別機能強化のクローズドショップ協定を可能にするくらいの大転換が必要だ。あらゆる手段と努力を駆使して、大手企業連に傾斜した労働運動に歯止めを掛けることなしには、パラダイムシフトを牽引する労働運動を構築することは適わないであろう。

（1）高田創「日本の格差に関する現状」（みずほ総合研究所、2015年）41頁。
（2）トーマス・A・コーチャン「雇用危機からの脱出」Diamond Harvard Business Review（2012年6月号）138頁。
（3）ヴォルフガング・シュトレーク／鈴木直訳『時間稼ぎの資本主義』（みすず書房、2016年）91～92頁。

（4）連合総研2015～2016年度経済情勢報告（2015年）76～77頁。
（5）ケインズ「人口減少の経済的帰結」『デフレ不況をいかに克服するか　ケインズ1930年代評論集』（2016年）所収。
（6）熊野英生「デフレだから人手不足になる　賃金上昇への課題は何か」（2016年）第一生命経済研究所。
（7）厚生労働省「平成28年版労働経済の分析」164～167頁。
（8）同文書の主要部分は、早房長治『恐竜の道を辿る労働組合』（2004年）79頁以下に採録されている。
（「人間を幸福にしない〝資本主義〟（下）」デジタル版『現代の理論』12号（2017年5月10日）所収）

第3章

アベノミクスの実像

はじめに――Déjà vu

Déjà vu（デジャビュ）。既視感などと訳されるフランス語だ。２０１２年末総選挙による劇的な政権復帰から、「大胆な規制緩和」「機動的財政支出」「投資促進の成長戦略」など矢継ぎ早に経済政策を打ち出した安倍政権の所業を振り返るとき、ある種の折り重なったDéjà vuに見舞われる。それは安倍政権の諸政策が、ことの本質において何の新機軸を打ち出すものでもない、旧弊の焼き直しに過ぎないことと関連している。既視感はあくまで錯覚であるが、その前提には現実の記憶に刻まれた知見がある。いささか飛躍するようだが、安倍政権が呼び起こすDéjà vuの根幹には１９７３年の出来事が横たわっているように思えてならない。その出来事とは9月11日に勃発したチリの軍事クーデターである。民主的な自由選挙で選ばれた最初の社会主義政権であったアジェンデ政権は、米国系の鉱山会社を国有化するなどアメリカとの対立が続いており、クーデターはＣＩＡの全面的な支援の下に敢行されたといわれる。ちょうどこの日、シカゴ大学にいたという宇沢弘文は、クーデター成功の報に欣喜雀躍するフリードマン門下の新自由主義者が演じた痴態を目の当たりにし、終生シカゴ学派とは絶縁する決意をしたとのエピソードも伝えられている。

フリードマンの門下生がクーデター成功に小躍りするのも当然であった。シカゴ大学で市場原理主義政策の旗手として台頭しつつあったフリードマンの薫陶を受けた経済学者＝シカゴ・ボーイズの面々は、チリ・カトリック大学を拠点に、アジェンデ政権の発足直後から社会主義政権転覆に向けた策謀を巡らし、クーデター計画の実行が近づくと産業界を媒介として軍部と連携し、軍事政権成立後の指針となる市場原理主義の経済プログラム策定に心血を注いでいたのである。クーデター後に実権を握ったチリ陸軍のピノチェト将軍は、カトリック大学の多くのシカゴ・ボーイズを経済閣僚などの要職に抜擢した。フリードマン自身も経済顧問として迎えられ、彼の持論——民営化、規制緩和、公的支出の削減（軍事費を除く）——を基に過酷な経済運営を指導した。それと併行して、アジェンデ派に対する軍部の悪名高い誘拐、拷問、虐殺の恐怖政治が続いた。1973年の9・11はCIAの援助の下に、文字通り軍部とシカゴ・ボーイズの二人三脚で完遂されたのである。民主主義の根幹を否定する市場原理主義の反労働者性を決して忘却してはならない。

1973年といえば、かぐや姫の「神田川」が爆発的にヒットした年であるが、世界経済や国際政治の舞台においても画時代的な変化が表面化した年であった。同年1月にはパリでベトナム和平協定が締結された。協定にはアメリカ合衆国、ベトナム共和国（南ベトナム）、ベトナム民主共和国（北ベトナム）、南ベトナム臨時革命政府（南ベトナム解放民族戦線＝ベトコン）の四者が署名し、即時停戦や南ベトナムからのすべての外国軍隊撤退などが合意された。ニクソン米大統領は泥沼化していたベトナム戦争の終結を宣言し、3月末までに米軍の撤退も完了した。時代は東西冷戦体制の最中ではあったが、1968年のテト攻勢後に拡大した米国内反戦運動や1960年代後半における中ソ対立の激化、1972年のニクソン訪中と米中国交正常化交渉の進展など複雑な内外情勢の下で、米国は反共ドミノ理論に基づく直接的軍事介入路線の頓挫を受けて、市場原理主義を旗印としたグローバリズムによる覇権確立へと、徐々に政策スタンスを移行させていった。

1973年には、こうした米国の政策転換を決定づけるいくつかの経済的事件も起きている。[1] ひとつは為替の変動相場制への移行により、第二次世界大戦後の世界経済秩序を支えてきたブレトンウッズ体制が崩壊したことである。1971年8月、米国が金とドルの兌換を停止(ニクソン・ショック)し、基軸通貨国の責任を放棄したことで、ブレトンウッズ体制はすでに事実上の解体に向かっていた。同年12月にはスミソニアン協定により、ドルを切り下げた新たな固定レートが設定されたものの、その後も米国の経常収支の悪化が続き、固定相場制自体が放棄されるに至った。いまひとつの出来事はOPEC(石油輸出国機構)による原油価格の1バレル＝3ドルから11・6ドルへの大幅引き上げ(第一次石油ショック)である。1973年10月に勃発した第四次中東戦争は米ソの仲介でおよそ半月後には停戦に至ったが、アラブ諸国はこの戦争でイスラエルを支援した米国への報復として対米原油輸出を禁止し、湾岸産油国が中心となって原油価格が約4倍に引き上げられることとなった。

既に1960年代後半からインフレや環境問題さらに南北格差問題が浮上し、「経済学第二の危機」などと警鐘も鳴らされていた。[2] 第二次世界大戦後にケインズ革命の名の下に、欧米そして日本にも確立された福祉国家は、固定相場制に基づいて、資本の海外逃避を統制する権限を行使しながら、国内の所得再分配によって国民的福利を向上させてきた。また福祉国家は低コストの原油をベースに、重化学工業を軸とした技術革新を原動力に経済成長を達成してきた。1973年における国際経済の激変は、こうした福祉国家の存立基盤を掘り崩し、スタグフレーション（停滞下のインフレ）が各国経済を襲った。この機に乗じて台頭してきたのが、国民経済への国家の介入を極小化することで、生産性向上による経済成長が実現されるとするフリードマンの市場原理主義であった。[3] 混合経済や福祉国家さらには第三世界の開発主義など、国家の市場介入を容認する経済体制を敵視するフリードマンの市場原理主義政策は、同氏のノーベル経済学賞受賞（1976年）をも奇貨としつつ、英国サッチャー首相（1979年）や米国レーガン大統領（1981年）、中曽根首相（1982年）らに採用され、IMF（国際通貨基金）・世界銀行が発展途上国に課した構造調整措置（ワシントン・コンセンサス）のバックボーンともなった。

1973年9・11クーデター後のチリは、フリードマン主義経済政策の過酷な実験場となり、一時世界を席巻した市場原理主義の最初の狼煙となったわけだが、2008年9月にリーマン・ブラザーズを破綻に導いた世界的な金融バブルの崩壊＝リーマン・ショックをもって、市場原理主義時代は終焉したかに思えた。日本においても翌2009年には政権交代が実現し、民主党政権が誕生した。しかしこの政府は、国民生活を優先した福祉国家政策の再構築に向けたマニフェストを掲げたものの、自らの歴史的使命を果たしえぬまま、というよりは十分に自覚しえぬままに、3年3か月の短命に終わった。その後を受けた自公連立の第二次安倍政権は、小選挙区制の恩恵も受けながら民主的な自由選挙を経て発足したとはいえ、一連の経済政策は、福祉国家を敵視したピノチェト政権張りのフリードマン主義＝一度死んだはずの市場原理主義をゾンビのように復活させている。以下では、アベノミクスが引き起こしたDéjà vuの実態解明を試みる。

1　異次元の量的緩和――中央銀行からバブル・カジノの胴元へ

(1) 日銀への圧力強めた安倍首相

安倍首相は政権復帰以前の2012年9月、自民党総裁に就任するやいなや、デフレ脱却が捗々しくないのは日銀の金融緩和策が不十分で腰がすわっていないためだとして、日銀の責任を追及し、白川総裁批判を繰り返した。今日のデフレ不況が単なる経済循環の一過程ではなく、日本の経済制度・分配構造といった旧パラダイムの機能不全に起因するものであることに対する無理解をさらけ出した主張というほかない。同年11月には「大胆な金融緩和」に加え「円安誘導」を公言するに至った。次期首相の最有力候補がいくら野党党首時代とはいえ、各国首脳は為替レートのあるべき水準に言及しないという不文律を蹂躙する発言であった。こうした発言に対し、米セントルイス連銀のブラード総裁が「いわゆる近隣諸国窮乏化政策だ」と指摘したのをはじめ、ブラジルなど新興国からも通貨戦争への批判が相次いだ。

首相就任後の2013年に入ると、内閣に日銀総裁（および政策委員）の解任権を付与することなどを主な内容とした日銀法改正にも言及し、日銀への圧力を強化した。ドイツ連銀のワイトマン総裁は「新政権が中銀に干渉し、独立性を脅かしている」と懸念を表明するなど各国中央銀行から顰蹙を買ったものだが、当時の白川総裁は政府の無理難題に屈服して、インフレ目標2％に向けて無期限で金融緩和を継続するという合意文書を交わした後、任期満了（4月8日）前の3月19日に落魄の思いで退任した。中央銀行の独立性を毀損したことの咎は小さくない。最近の事例では2011～2012年の「ハンガリーの悲劇」が想起される。ハンガリー政府は中央銀行総裁解任権限を含む法改正で政府介入を強めた結果、IMF／EUは金融支援を停止し、国債格付けもジャンク債級に引き下げられ通貨も暴落し、半年後には這々の体で中央銀行法の再改正に追い込まれた。[4] 日本もいざというとき（安倍首相はそのときを呼び寄せている）に孤立無援の事態に陥る危険性がある。

安倍首相は、新しい日銀正副総裁の条件として「私と同じ考え方を有し、デフレ脱却に強い意志と能力を持った方にお願いしたい」との意向を表明していた。国会同意人事とはいえ、任命権は内閣にあるのだから誰を選ぼうと自由かも知れないが、自分と同じ考え方であることを条件にするのでは、首相が日銀総裁を兼務することと変わりがなく、中央銀行の独立性もなにもあったものではない。そうした中、鳴り物入りで新総裁に就任したのが黒田東彦元財務相財務官だ。彼は財務官時代の2001年～2003年にかけて巨額の為替介入を行ったことで知られている。

（2） 量的緩和の背景にある貨幣数量説

黒田新総裁は就任後初の金融政策決定会合（2013年4月4日）において、異次元緩和と自賛する「量的・質的金融緩和」策の採用を決定した。その主な内容は、①消費者物価年率2％上昇の「物価安定目標」を2年程度内に実現、②マネタリー・ベースと長期国債・ETF（上場投資信託）の保有額を2年で2倍に拡大し、③長期国債買い入れ時の平均残存期間を2倍以上に延長（現行3年程度を7年以上に）、④資産買入等の基金を廃止し、国債買入れは既存残高を含め長期国債の買入れに吸収、⑤「銀行券ルール」（保有長期国債の残高を日銀券の発行残高以下に抑える）の一時停止、などからなる。一般に金融政策は物価や景気変動の好転を促す触媒のようなもので、目的を果たした後には速やかに「常態」に復するのが本来のあり方である。つまり常に出口戦略を準備しておくことが求められる。その出口戦略が全く考慮されていないことが、「量的・質的金融緩和」が常軌を逸して異次元に迷い込んだ所以である。長期国債の購入は、政府の財政赤字を中央銀行が補填する財政ファイナンスに繋がる恐れがあり、一定の節度が求められる。白川総裁時代には通常の金融調節とは別に、リスク資産買入れのための基金を設けることで、日銀のバランスシート悪化に歯止めを掛けてきた。[5] それを廃止するというのが上記④だ。その上でリスク資産を青天井で購入できるようにしたのが⑤である。

こうした政策はフリードマン流のリフレ論を地で行くものである。フリードマンは2000年にカナダ銀行が主催した講演後、ゼロ金利制約に直面した日銀に、どのような金融政策がありうるかとの質問に、「マネタリー・ベースの増加が経済を拡大させ始めるまで長期国債を買い続ければよい」と答えている。[6] フリードマンの主張の背景にあるのは、フィッシャーの交換方程式で示される古典的貨幣数量説である。交換方程式は一定期間の通貨総量（M）と流通速度（V）の積、つまり総取引額は、同一期間の物価（P）と実質生産高（T）の積、つまり名目生産高に等しくなる（MV＝PT）ことを表している。ここでVとTが一定であれば、Mを増加させることでPも上昇し、デフレ脱却、めでたしめでたしとなるはずだが、そうは問屋が卸さない。交換方程式のMとは、実際に流通・決済手段として用いられる現金や各種預金の合計であるマネーストック（従来のマネーサプライ）のことであり、日銀が金融機関から国債を購入してマネタリー・ベースを増加させても、それが現状のようなゼロ金利下で日銀当座預金にブタ積みされているだけではマネーストックは増加しない（貨幣乗数の低下）。そもそもフリードマンの発想は因果関係の捉え方が逆なのだ。[7] デフレを貨幣的現象として考えるから、左辺（総取引額）が右辺（名目生産高）を規定していると錯覚してしまう。デフレを有効需要の不足と理解すれば、右辺のT（数量ベースの生産高）を増加させるための需要創出こそ、デフレ脱却の鍵であることが容易に知れるのである。

（3）クルーグマンのインフレ・ターゲット

ゼロ金利下での貨幣数量説の限界に気付いたクルーグマンは、量的緩和によって有効需要を生み出す方法を思いついた。それが「インフレ・ターゲット」論であり、黒田日銀の異次元緩和の理論的背景でもある。「もし中央銀行が、可能な限りの手を使ってインフレを実現すると信用できる形で約束できて、さらにインフレが起きてもそれを歓迎すると信用できる形で約束すれば、それは現在の金融政策を通じた直接的な手綱をまったく使わなくても、インフレ期待を増大させることができる。」（1

998年）というのがクルーグマンの政策提言である。(8) しかし、人々のインフレ期待や、実際にインフレが生じたとしても、インフレによる実質金利低下（期待）が投資や消費の誘因となるとは限らない。企業部門は既に大幅な貯蓄超過で、必要なら投資に回すべき資金は十分確保されている。家計消費についても、オイルショック後の狂乱物価時の経験によれば、消費性向はむしろ低下して貯蓄の目減りを穴埋めすることが優先されたのであった。仮に若干の支出増を促したとしても、それは将来支出を前倒しさせただけにすぎない。インフレ期待に対する各経済主体の反応は、クルーグマンの期待通りには行かないようだ。(9)

（4）アベクロ異次元金融緩和のリスク

黒田総裁の「量的・質的金融緩和」がどれほど異次元に飛んでいるかを理解するために、日本と同様に量的緩和政策を継続している米国FRBの政策目標と対比してみよう。FRBは2008年11月から量的緩和政策を採用し、現在は第三ステージ（QE3）にある。2014年までの国債等の購入による資産増は対GDP比17％増程度が予定されており、これは白川総裁時代に予定されていた同21％増をも下回る（両国のGDPの大きさは異なるが）。それを黒川総裁は同40・0％増に持って行こうというのだから、まずもってスケールが違う。またFRBのバーナンキ議長は、2012年12月の公開市場操作委員会（FOMC）において、毎月850億ドルの資産購入（QE3）からの出口戦略を失業率6・5％以下またはインフレ率2・5％以上の段階（従って具体的な時期は不祥）で開始すると明言し、それまで無期限に資産購入を続ける事への懸念に対しては「ＦＲＢのバランスシートの規模がインフレ期待に与える影響は皆無である」と断言している。[10]

つまるところ、ＦＲＢの膨大な流動性供給は、株式市場の活況や住宅市況の底打ちにみられるような資産バブルを再生産しているのみである。日銀の「量的・質的金融緩和」も意図するところは同様である。重要な相違は出口戦略への心構えだろう。もとよりＦＲＢの準備が万全であるとはとてもいえないが、黒田総裁の場合、従来の日銀が量的緩和策終了にあたって、手持ちの国債等を市場で売却する際の困難を避けるために設けてきた、銀行券ルールや購入国債の残存期間制限（3年以下）などの自主規制をすべて擲《なげう》ってしまった。[11] 今の日銀の異次元緩和策を1930年代における高橋財政下の金融政策に範を取ったとする説もあるが、事実は異なる。[12] 当時の日銀は国債の直接引き受けまで行ったが、その90％以上を可及的速やかに市中売却して余分な資金を吸収したため、マネタリー・ベースの増加率は5～10％で安定し、物価上昇も2～3％に抑えられていた。経済・財政環境が全く異なっていることに留意しなければならない。

黒田総裁は自ら出口戦略を封印する一方で、市中の資金をリスク資産に向けて流し込む手立てを着々と進めている。そもそも日銀が長期国債を大量に購入することで、民間金融機関の保有資産満期構成は短期化する。日銀当座預金にブタ積みしておいても利ざやは稼げないので運用先を探すが、新規国債は日銀が7割を購入して品薄。そこでＥＴＦやＲＥＩＴ（不動産投資信託）などの市場整備が進められる。ここにも日銀の大量購入があって品薄となれば株式や外債など、よりリスクの高い債券市場へと民間資金が流入して行く。日銀の狙いはおそらくそんなところだ。外債は日銀が直接購入すれば円安誘導との批判も浴びるので民間に購入させたいところ。とくに米国債についてはFRBの出口戦略の助っ人にもなる。「ザ・セイホ」の復活か。2014年から少額投資非課税制度（NISA）が始まり、1571兆円の家計金融資産（うち848兆円が現金・預金）からのリスクマネー供給も狙われている。まさに「量的・質的金融緩和」の内実は、資産バブルを煽るカジノ資本主義の胴元にほかならない。

最後にアベクロ（安倍、黒田）金融政策自体のリスクを改めて列挙しておこう。①大量の長期国債購入により、国債の先物相場が乱高下し、再三サーキットブレーカーが発動されるなど、市場機能を不安定化させる。日銀は大量購入で長期金利の低下（国債価格上昇）を企図したが思惑通りには進んでいない。②金融機関などのリスクテイクが過剰になり、バブルの膨張→崩壊により再度不良債権処理が問題となる。③インフレに伴う長期金利の上昇により、日銀自身を含めて金融機関の保有する国債の評価損が大きくなり財務体質を悪化させる。政府にとっても、金利低下ボーナス消失後の資金調達コスト上昇が財政を窮迫させる。④インフレ率が目標を超え金融政策の転換（出口戦略）が必要となったとき、異次元緩和解除には長期国債の大量売却のような異次元引締めが必要となる。長期金利急騰を避けるため長期国債はそのままにして、短期国債売りオペや超過準備金の利上げも考えられるが、何れも異次元の財政コストが発生する。財政維持のために長期国債購入を継続することは財政ファイナンスに外ならない。

通常のカジノでは胴元が必ず儲かる仕組みになっているが、アベクロ・カジノにおいては胴元が最大のリスクを抱えている。

2　機動的財政出動——旧態依然たる利権政治の復活

(1) 公共工事偏重予算の復活

自民党は野党時代の2012年6月に、民間資金を含めて10年間で200兆円規模の事業費投入を想定した「国土強靭化基本法案」を提出している。この法案は2012年11月の衆議院解散で廃案となったが、同じく廃案となった公明党の「防災・減災ニューディール推進基本法」と一本化され、「防災・減災等に資する国土強靭化基本法案」として2013年5月に再び国会に提出された。7月参院選前の国会で継続審議となり、秋の臨時国会で成立が目指されている。しかしこの法案は、基本法という法律の性格から止むを得ないところもあるが、内容が曖昧かつ抽象的で財源措置も明確ではない。「大規模災害に強い国造り」という、避けて通れない喫緊の政策課題に藉口して、分散化・ネットワーク化に逆行する巨大技術に基づいた、第二東名や中央新幹線、さらには耐震補強された原発などに代表される、総花的な公共投資ばら撒きの根拠法ともなりかねない代物である。加えて、これは杞憂かも知れないが、同法のかなりの部分が戦略本部や国民運動本部の指揮系統に割かれている点は、先の原発震災の経験に踏まえたとはいえ、かつての国家総動員体制の既視感が、ふと過ぎるのも安倍政権ならではのことである。[13]

案の定というべきか。政権に復帰した自民党は２０１２年度補正予算と２０１３年度当初予算を連動させた15か月予算を編成し、補正予算を実質的に２０１３年度予算として支出することで公共事業を前倒し執行することとした。人＝家計からコンクリート＝建設業者へと政府支出の重点を転換した公共事業偏重型予算の復活である。[14] ２０１２年度補正予算13兆１０５４億円の大半（78・5％）は緊急経済対策費10兆２８１５億円が占める。その半分近くの約４・７兆円が公共事業関連費となっている。補正予算の主な財源には、約７・８兆円に上る大量の建設国債が充てられた。この結果、補正後の新規国債発行額は52兆円となり、民主党政権が財政健全化目的で設定した44兆円以下という基準を無視した高水準となっている。２０１３年度当初予算では公共事業関係費は、前年度当初予算比で概ね横ばいとなっているが、15か月予算ベースでは10兆円を超え、突出した支出項目となっている。全体の予算規模は過去最高の92兆６１１５億円。新規国債発行額は、消費税率引き上げ分で償還予定の「つなぎ国債」（年金特例公債）を含めると45兆４６２０億円で、引き続き44兆円基準を破ると同時に、予算段階の税収見込みをも上回る額となっている。こうした新規国債の7割を日銀に引き受けさせるということは、政府の赤字を日銀券発行で穴埋めする財政ファイナンスそのものではなかろうか。金融緩和時の国債購入は財政ファイナンスとは断定できないとの評価もあるようだが、日銀は大量に購入した長期国債をどのように手仕舞うかの道筋すら示していないのである。

（2）バラ撒き財源化された復興予算

一般会計の他にも復興特別会計（東日本大震災復興特別会計）の予算流用問題がある。ＮＨＫの報道番組などを通して、被災地の復興と直接関わりのない道路工事などに復興予算が流用されていたことが明らかにされ、問題が表面化した。流用問題の背景を遡ると２０１１年６月に成立した復興基本法（東日本大震災復興基本法）に行き着く。復興基本法の成立は民主党政権時代だが、自公両党は参議院での野党多数をテコに法案修正を迫り、三党合意案には被災地の復興に加え「活力ある日本の再生」という目的が挿入された。基本法の性格を考えれば、あながち的外れな修正とは言えないのだが、その結果として生じたのが予算流用スキャンダルであった。仕掛けは単純で、もともと特別会計は財政健全化枠組みの埒外に置かれていることから、一般会計概算要求のシーリング査定などにより、未達の事業を抱えた各省庁が予算制約のない復興財源にハイエナのごとく群がったというのが「流用」の真相だ。[15] 現在の与党である自公両党による復興基本法の修正は、「活力ある日本の再生」という曖昧模糊とした美辞麗句の裏側で、八方美人的に復興予算を各省庁に宛がうことが最初から意図されていた。何のことはない。復興特別会計も従来の特別会計と同様のバラ撒き財源にされてしまった訳である。

（3）利権政治への道

これらは旧態依然たる利権政治の復活に他ならない。そのことを象徴するような事件が報じられた。東京新聞の2013年7月4日付け記事によると、自民党が政権復帰後、都議選や参院選向けの資金が必要であった2013年2月、自民党の政治資金団体「国民政治協会」が大手ゼネコンなどでつくる日本建設業連合会（日建連）に文書を送り、「強靭な国土」の建設へと全力で立ち向かっていると公共事業テコ入れの必要性を強調しつつ、4億7000万円の金額を明記して政治献金を要求していたことが分かったという。自民党執行部も同時期、石破幹事長らが連名で力添えをお願いする旨の文書を日建連に送っていたという念のいれようだ。

かつてであれば景気対策としての公共事業は乗数効果（波及効果）も含めて政策的な有意性を持ちえた。その前提は単純な景気循環の後退局面で、民間投資のフロンティアは存在するものの、一時的に有効需要が不足しているような経済情勢である。その場合でも公共事業は、景気循環が自律回復過程に入るまでの暫定的な繋ぎ役であり、いわば井戸に付けられた給水ポンプに入れる呼び水のようなものだ。日本経済の現状は単なる循環的な不況局面ではなく、重化学産業や重厚長大型企業にとっての新規投資機会が縮小に向かう構造的な変化の渦中にある。[16] 今、公共工事を中心に緊急経済対策としての積極財政を組むことは、枯れ井戸のポンプに呼び水を入れているようなものである。経験的にみても、橋本構造改革による景気低迷の後を受けた小渕内閣が、1998年から2000年にかけて積極財政に打って出たものの、戦後最短の脆弱な景気回復しか実現できなかった事実がある。政府は2014年度一般会計予算編成において、来年度の税収見通しが立たないことを口実に、概算要求基準（シーリング）の上限額を示さない方針を決めるなど、過去の経験から何も学ばず、敢えて公共工事に執着する安倍首相の狙いは、持続的な景気回復などではなく、政権基盤強化に向けた利権政治復活にあることは、火を見るよりも明らかではないか。

3 「日本再興戦略」――ゾンビ経済の延命を図る似非成長戦略

（1）「特区」は治外法権の租借地だ

自民党安倍内閣は2013年6月14日、新たな経済成長戦略として、-JAPAN is BACK-との副題を付された「日本再興戦略」を閣議決定した。〝BACK〟には米俗語で「協力者」とか「助っ人」の意味もあるが、この「成長戦略」はいったい誰のために策定されたのだろうか。前項までにみてきた財政金融政策は、本来、景気循環の「触媒」や「呼び水」に過ぎないとすれば、第3の矢として提起された「成長戦略」こそ、アベノミクスの実像が浮き彫りとなる分野であろう。2013年4月以降、数次にわたって成長戦略が発表され、そのつど「女性活用」「医療改革」「国際競争力強化」「民間活力導入」等々が喧伝されているが、提示された政策群は総花的で、財界や内外のメディアからも具体性・実現性に乏しいとの批判が相次ぎ、株式市場もほとんど反応を示さなかったし、第3弾発表後には急落さえした。ただその一方で、すべての施策に利権の陰が付き纏っているようにみえるのは気のせいであろうか。

今回の「日本再興戦略」および同時に閣議決定された「規制改革実施計画」を併せて、改めて見直してみても、多少の化粧直しの跡はみられるものの、民主党政権時代の「日本再生戦略」の構成と大きな変化はなく、各省庁の作文を寄せ集めた感は否めない。閣議決定が参議院選挙前ということもあって、産業競争力会議や規制改革会議の論議と比べても、雇用・労働分野の規制緩和をはじめ、勤労者に与える影響が大きな分野には曖昧な表現が目立つ。しかし成長戦略で羅列されている規制緩和を、具体的に実現するための仕掛けが準備されていることを見逃してはならない。それは二つの「特区」構想である。その一つは「日本再興戦略」でも創設が謳われていた「国家戦略特区」。地域活性化だけでなく、国全体の経済成長の柱とするため、従前の構造改革特区制度の内容を大きく刷新するという。国の関与が強まることが特徴で、当面東京・大阪・愛知の三大都市圏が候補に上げられている。これらの都市に本社を置く企業が対象となればほぼ全国が制圧されてしまう形勢だ。いま一つが2013年秋の臨時国会に提出が予定されている「産業競争力強化法案」に盛り込まれる「企業特区」(企業実証特例制度)である。新技術の創出などを目指す個別企業に対して、特例で大胆な規制緩和を認める措置とされている。

これらの「特区」を活用することによって財界やメディアが求めて止まない、成長を阻害する規制の岩盤崩しを達成しようという訳だ。この「特区」なるものは、近代市民社会のど真ん中に、治外法権の「租借地」を設置するに等しい暴挙というほかない。しかし新聞報道によれば、金銭解決など解雇規制の緩和をはじめとした雇用規制を「国家戦略特区」で緩和することが検討されていたり、労働時間規制を除外する新たな職種の設定を「企業特区」で実施すべく、トヨタや三菱重工に導入を打診している、といったことが手回しよく進められているのが実態だ。今や、参院選前は衣の下に隠していた鎧が徐々に姿を見せつつある。

(2) 世界で企業が一番活動しやすい国

これと関連して「規制改革実施計画」よくよく凝視してみると、そこには重要なキー・ワードが記されている。例えば「国際先端テストの実施」がその一例だ。「世界で企業が一番活動しやすい国」を作るために、個別の規制の必要性・合理性について、国際比較に基づき、我が国の規制が世界最先端のものになっているかを検証するのが国際先端テストの目的であり、今後この手法を活用し、その定着に努めるという。企業が一番活動しやすい世界最先端の規制という概念は、後述のTPP（環太平洋経済連携協定）が掲げる高度な自由化概念と符合するものだ。この手法が活用され定着すれば、グローバル・スタンダード＝アメリカン・スタンダードが、先に見た「特区」を媒介にして日本全国を席捲し、国際先端テストのもうひとつの目的とされる「世界で一番国民が暮らしやすい国」作りは、神棚に祭り上げ等閑視されることとなるだろう。

（3）公正な配分の観点欠く「日本再興戦略」

「日本再興戦略」には公正な分配という視点が微塵もない。[17] 安倍首相は就任後の施政方針演説で、所得分配を繰り返しても持続的経済成長がなければ、経済全体のパイは縮んでしまうと成長至上主義論を展開したが、そもそも所得分配機能の放棄が経済の持続可能性を奪っていることには思い至っていない。そうしたスタンスから立案された「日本再興戦略」は、すべてが大企業や特権層に富を集中するための算段で埋め尽くされているといっても過言ではない。自民党が日本支配層の利益を代表する政党であってみれば当然のことであろうが、国民経済の健全な発展に心を致せば、誠に由々しき事態である。アベノミクスでいう成長戦略の成長とは何を意味するのか。それは、欧米先進国に追いつけ追い越せのキャッチアップ経済時代に、経常収支の天井を突破して貿易立国を牽引した重化学産業や、大量生産・大量消費（大量廃棄）で高度経済成長を領導した耐久消費財産業、そしてキャピタル・ゲイン狙いの債権市場を取り仕切る金融機関、これらの成長であり、利益機会の拡大である。

上記産業に属する企業の経営者は財界でもトップの座を占め、文字通り日本の支配層を形成している。確かにこれら産業は国民経済にとって不可欠の分野ではあるが、はっきり言って旧パラダイムで主役を張ったメンバーであり、新時代の国民経済に活力を供給できる面々ではない。換言すると、旧パラダイムではこれら産業の利益拡大が、国民経済全体に滴り落ち、国民生活も向上するという神話が通用していたが、今や神は死んだのだ。アベノミクスのゾンビ信仰は神話の続編を語り続けるが、神話の基底を流れるのは再分配政策を否定する、フリードマン流の小さな政府論なのである。

（4）TPPは規制緩和の促進剤

もうひとつ重要視しなくてはならないのは、安倍政権の成長戦略＝規制緩和政策がTPPと一体のものとして機能しているという観点である。[18] 最近、TPP推進論者は「TPPは規制緩和の塊であり、成長戦略の王道だ」「規制改革を通じた経済の再生はTPPの課題とも重なる。両者の違いは、自ら進んで改革するか、外国の圧力でそうさせられるか、だけである」と公言している。また2013年8月、米国議会調査局は日米関係に関する報告書で、TPPはアベノミクスの柱の一つである成長戦略の促進剤になると分析している。

TPP協定に関する懸念事項に対して、経済界やマス・メディアにおいては、それらは心配するに足りない「TPPおばけ」の類だとする反論が溢れかえっている。例えば食の安全に関しては、WTOのSPS（衛生植物検疫措置）やTBT（貿易に対する技術的障害）で確保されているという反論。WTOの協定で用が足りるのであれば、何をTPPで協議するのか。われわれが知りたいのは、今TPP交渉におけるSPSやTBTの作業部会で、WTO協定の運用を巡り潜脱行為に道を開くような論議がなされていないかということだ。幼稚な反論をしている暇に、NAFTA後のメキシコ農業や米韓FTA後の韓国農業の実態でもルポして貰った方が余程有り難い。また国民皆保険制度については、TPP交渉で国民健康保険制度は協議の対象にならないという反論。国民健保が対象にならなくとも、混合診療の解禁によってアフラックのような米国保険会社のビジネスチャンスが拡大し、公的医療保険制度の基盤が崩壊する危険性は多分にある。混合診療問題はTPP交渉もさることながら、併行して進められている日米二国間協議がどのような結論に至るのか、目が離せない。マイケル・ムーア監督が映画『シッコ（SiCKO）』で描いた米国の惨状が、いつ日本の現実とならないとも限らない。極めつけはISDS（投資家対政府の紛争処理条項）への反論。この間、日本が締結してきた多くの二国間ETA／FTAにもISDSが含まれているが、大きな問題は起きていないというもの。確かに日本企業が外国政府から賠償金をせしめた事例はあるが、日本政府が海外投資家から訴えられた例はないようだ。しかしもともとの協定が一定の政府規制を容認する内容であれば、その協定に盛り込まれたISDSが発動される機会が少ないのは当然だ。一方TPPは、政府が自賛するように極めて高度な非関税障壁の撤廃（規制緩和）を前提とするもので、海外投資家の権益として保護される範囲も非常に広い。しかもISDSの副作用として、「規制躊躇（regulatory chill）」と表現される影響、すなわち政府が長期に渡る訴訟や損害賠償という時間と費用の負担を憂慮し、このような脅威を理由に正当な規制を思いとどまるといった状況にあることも指摘されている。1995年からOECDを舞台に協議され、経団連も推進の旗振りをしたMAI（多国間投資協定）が、TPPと同じく海外投資家に過大な権利を保障して国民生活を破壊するとして、労働組合などの国際的な反対闘争の中で頓挫した経過を想起すべきである。(19)

事程左様に、これらの「反論」は実態を理解せずなされているとすれば単なる無知なお人好しの亡国的妄言であり、現実の脅威を知りながらなされているならば悪質な欺瞞に満ちた売国的虚言である。こうした無知や欺瞞の洪水の中で、いかに真実を見極めるか、その眼力が求められている。

4　財政健全化――小泉・竹中構造改革路線への逆行

（1）財政危機を煽る財務省

デフレ脱却に向けて日銀が異次元の金融緩和を継続する一方で、機動的な財政出動によって政府支出も拡大している。こうした状況下で異次元緩和が政府の財政赤字を補填するもの（財政ファイナンス）との批判を避けるため、財政規律の確立が、いわばアベノミクスの第4の矢として放たれた。

「日本再興戦略」と時を同じくして閣議決定された「経済財政運営と改革の基本方針」（骨太方針）では、プライマリーバランス（基礎的財政収支）の赤字を2015年度までに半減し、2020年度までには黒字化を目指すことが明記された。この方針を受けて2013年8月8日に閣議了解された「中期財政計画」には、国の一般会計のプライマリーバランスについては2か年で8兆円程度改善する必要があり、2014、2015年度一般会計の新規国債発行額はそれぞれ前年度を上回らないように努力するなどが書かれているが、それ以外は、「歳出・歳入両面で最大限努力する」、「歳出面においては、大胆なスクラップアンドビルドを行うことによりメリハリをつける」、「社会保障については、極力全体の水準を抑制する」、「社会資本整備については、選択と集中を徹底する」など、消費増税を織り込まない暫定計画段階とはいえ、まったく具体性を欠く表現となっている。要は、２０１４年度予算概算要求基準にシーリングを設けられなかったことも併せて、総選挙、参院選に勝利して戦勝気分に浮かれる族議員や利権集団を掣肘し、政府方針をまとめ上げるだけの腕力も調整力も安倍首相にはないということだ。さらに言えば、日本の財政状況は今のところ、喧伝される程には危機的ではないことを、与党も官僚も承知しているからこそ、こうした脳天気な計画を作れるのであろう。

一方、同日公表された内閣府の「経済財政に関する中長期試算」によると、消費増税を実施し、実質年率2％成長という極めて楽観的な前提に立っても、２０２０年度には名目ＧＤＰ比で2％程度の赤字が残り、黒字化の目標は達成できないという見通しになっている。〝社会保障費を含めた一段の歳出の切り込みが求められる〟（日経）という次第だ。これもまた、油の切れた自転車よろしく二六時中「キキィ、キキィ」と財政危機（キキィ）を煽っている財務省流の恫喝には違いなかろうが、[20]外ならぬアベクロ異次元緩和が財政の安泰を脅かし始めている一面もある。日本国債は自国通貨建て内国債であることが特徴だが、異次元緩和以降、国債先物市場は海外投機筋の独壇場のようになっている。異次元緩和が長期金利のボラタリティを高め、海外のヘッジファンドなどを呼び込んでしまったのだ。国債の債務を上回る資産を有し（米国は14・00兆円程度の債務超過）、経常収支黒字基調で国債の国内消化が可能である限り、日本国自体がギリシャのようなソブリン・リスクを抱えていることにはならないが、長期金利が高騰すれば、自業自得とはいえ、日銀の債務超過や市中銀行の破綻といったリスクは高まろう。

（2）社会保障費を狙い撃ちにした歳出削減

何れにせよ、財務省の計らいによって財政規律の確立は至上の命題となった。財政の健全化には歳出の抑制と歳入拡大、即ち増税の二つの方法しかない。まず歳出の抑制をみると、経済財政諮問会議などで財政健全化の本丸は社会保障改革と指摘されているように、社会保障・福祉関連予算の削減が最初に俎上に乗せられている。2012年6月に民自公三党合意による社会保障・税一体改革についての確認書が合意され（三党合意）、同年8月10日には三党合意に基づいた社会保障制度改革推進法案が、他の一体改革関連法案と同時に成立した。民主党政権下ではあったが、自公との妥協により、ことさら自助を強調することとなった内容につき、日弁連や労働弁護団からは「憲法違反」などの厳しい批判も寄せられた。

同法案では、社会保障制度改革のために必要な法制上の措置については、法律施行後1年以内に、社会保障制度改革国民会議における審議の結果等を踏まえて講ずるものとされた。国民会議の最終報告が2013年8月5日にまとまったが、連合は「改革の名に値しない不十分な内容」「具体的な提案はなく、後期高齢者医療制度を肯定するなど、総論の考え方（全世代対象の社会保障への転換など）が具体論に貫徹されていない」などとする事務局長談話を発表した。確かに、格調高い総論に比べ、各論は押し並べて結論先送りの内容で、全くの竜頭蛇尾報告になってしまっている。そうなった最大の要因は政権交代・安倍政権の成立である。国民会議の議論については「社会保障や税制についての徹底した現状分析と問題の抽出が欠けている」といった批判[21]もあったが、そもそも安倍首相は自助＝自己責任を金科玉条に、社会保障を不倶戴天の敵とみなし、いかにして大幅に削減するかだけしか念頭にない政治家である。為政者に社会保障と税の一体改革を進める意志も能力もない以上、尊重されるはずもない報告書に具体的指針を書けと言うのは、民主党政権下で選任された委員諸氏にとってあまりに酷かも知れない。安倍政権は生活保護の給付水準引き下げや申請要件厳格化など、福祉切り捨て政策を勝手に遂行し始めている。

(3) 継続する富裕層優遇税制

さて、一体改革の片割れ、税制改革への対応ぶりをみると、自民党の階級的立ち位置が一層はっきりしてくる。2013年度税制改正大綱(2013年1月29日閣議決定)と2013税制改正法案(2013年3月29日成立)を槍玉に挙げ、問題点を剔抉してみよう。

まず高額所得者や富裕層の優遇措置[22]については、所得税の最高税率(4000万円超対象)を5%アップの45%としているが、1974時の最高税率75%に比べれば実質据え置きに等しい。一方で2006年度税制改正の地方税一律10%、定率減税全廃などの低所得者実質増税(高所得者は減税)もそのまま。富裕投資化優遇税制も続く。2003年度税制改正で株式の配当や売却益が分離課税とされたのを維持。2014年から10%の軽減税率が本則の20%に引き上げられるが、総合課税で45%(それでも低すぎるが)の税率適用に比べれば半分以下。代わって毎年100万円、最大5年で50

0万円までの少額投資に対する配当・譲渡益非課税（日本版ＩＳＡ）が導入されるが、これは優遇策というより一般投資家をカジノ的リスク投資に誘い込む罠と考えた方がよい。資産課税でも富裕層優遇が続く。相続税の最高税率（6億円超対象）を5％アップの55％としているが、２００２年までの最高税率70％に比べればまだまだ低い。加えて子や孫に対する一人１５００万円までの教育資金の一括贈与を非課税とする贈与税の抜け道まで用意している。その一方で、相続税の基礎控除減額が実施されるが、路線価の高い都市部に住む中間層の生き残りが小規模住宅の相続税を払えず物納など、生存権を脅かされる懸念もある。

（4）至れり尽くせりの法人税制

大企業優遇の税制も目白押しだ[23][24]。法人税率は１９８４年時点の43・3％から徐々に引き下げられ２０１１年度税制改正で25・5％まで下げられた。２０１３年度税制では一定以上の設備投資、雇用・賃上げ、研究開発を行った企業に特別償却や税額控除を認める。加えて、安倍首相は２０１４年度についても消費増税と一体で、法人税の実効税率引き下げを検討するという。至れり尽くせりのようだが、法人優遇税制はこれに尽きない。引当金制度、準備金制度、連結納税制度、益金不算入制度、外国税額控除、様々な租税特別措置……数え上げたら枚挙にいとまがない。ここまで法人大企業ばかりを優遇する必要があるのだろうか。自民党税調の野田毅会長も指摘しているように[25]、法人税の引き下げ競争は近隣諸国窮乏化政策に外ならないのだから、どこかで国際協調による歯止めを掛けなければならない。むしろ大企業は巨大な貯蓄超過部門となって、資金を貯めこむばかりで活用できていないのだから、国民経済のためにお金を活かして使うためにも、法人税の引き上げや内部留保、減価償却引当金などへの課税も検討してはどうか。そうすれば、税金で持って行かれるくらいなら、従業員に配ってしまった方がましだと考える経営者も出てこないとは限らない。安倍首相も本気で企業に賃上げをさせたいのなら、そんな法人税制を断行すべきなのである。この種の税金は二重課税の禁止に抵触するとされるが、最初の課税が足りないから別の税目で徴収するというだけの話だ。給与所得者は給料から所得税を引かれ、買い物をすれば消費税を取られ、同じお金に二回も課税されているではないか。そもそも政府の財政赤字は、大企業から応能負担に見合った徴税ができていないことが原因ではないのか。赤字は国債発行で埋めて利払いに四苦八苦だが、この構図、税金を負けてやった相手から借金をして利子まで払っているということだ。抜本的税制改革が、最重点に取り組むべき課題がここにある。

(5) 目的違える自民党の消費税制

最後に消費税については、幅広く全世帯から徴収して、育児・教育・介護などの負担を抱えた世帯に現金や現物を給付するための、いわば社会保障における横の再分配原資として税制の重要な柱を担うことが期待される税源である。[26] しかし自民党や財務省の発想は、単に赤字補填の財源措置として消費税を位置づけている。「連合第3次税制改革大綱」も、それでは国民の理解は得られないと明記しているところだ。もともと消費税については本来の趣旨と異なった目的で導入され、異なった用途に使われてきた経過がある。自民税調の野田会長（前出）も認めるように、各国が消費税のような付加価値税を導入した背景は、輸出補助金として輸出企業に税額還付するためである。アメリカのように付加価値税を導入していない国がGATT違反として異議を唱えたこともあった。日本では年間の消費税徴収額は約12・5兆円だが、この内約2・5兆円が輸出企業に還付されている。税率が2倍になれば還付額も2倍になる計算だ。野田氏も述べているとおり、下請けからすれば自分たちに還元することがあってもいいのではないか、との感情が湧くのも当然である。消費税のもうひとつの役割として疑われるのが、大企業・金持ち減税の穴埋めではないかということ。消費税が初導入された1989年度から2012年度までの累計税収は約202兆円。この間の法人税および所得税の税率引き下げに伴う累計減収は約207兆円（法人税161兆円、所得税46兆円）であった[27]。また消費税については、その導入に当たって逆進性の問題が指摘される。消費税は逆進性のない公平な税だと野田氏は強弁しているが、氏の言う公平とは誰も徴税から逃れられない、つまり取り逃れがないというだけのことで、公平でも公正でも何でもない。OECDが子供の貧困率というデータを初期所得と再分配後所得（初期所得－税・社会保険料＋公的給付）の双方について公表しているが、日本はOECD諸国で唯一、再分配後の貧困率の方が高くなる国であった。その最大の理由は、粉ミルクからダイヤの指輪まで一律5％という消費税の逆進性によるものである。

（6）復活する悪政

大企業・金持ち優遇税制を温存・強化する一方で大衆増税を強行する、そして社会福祉については給付の削減と負担増で勤労国民に痛みを強要する、かつての小泉・竹中時代へとタイムスリップしたような悪政が復活しつつある。思い返せば、1970年代には旧パラダイムに規定された経済システムの腐朽化が表面化し、金融資本主義化などの新自由主義的延命策で今日に至るまで命脈を保ってきたが、いよいよ断末魔を迎えつつある。歴史的な使命を果たし終えたパラダイムは、気の毒だが安楽死してもらうしかない。(28) 現状をこのように捉えるならば、アベノミクスは、パラダイム転換に景気対策としての財政・金融政策という蟷螂の斧で立向うドン・キホーテ、頑なに旧パラダイムに固執しているという意味で、歴史の進歩に対する究極の反動と断じざるを得ない。しかし残念なことに、アベノミクスの陥穽を論駁する識者の中にも、規制緩和による成長に活路を見出したり、財政規律至上主義に陥るなど、数十年にわたって主流派経済学の座に君臨してきた、フリードマン主義の呪縛に囚われている者が少なくないのも事実である。

おわりに――クルーグマンのDéjà vu

ポール・クルーグマンやジョセフ・E・スティグリッツなどケインズ経済学系のノーベル経済学賞

受賞者からアベノミクスに対する「肯定的」評価が聞かれる。彼らは何れも世界的な金融危機と実体経済の収縮に際して、財政均衡を至上とする緊縮政策に反対し、思い切った金融措置と財政出動で需要を拡大し、雇用を増大させるべきとの論陣を張ってきた。こうした観点からアベノミクスの政策群を「外形的」に評価しているようだ。それでもスティグリッツは、財政出動は低所得者層への配分など消費需要を喚起するものでなければ効果がないとして、公的支出の内容と質について注文をつけている(29)。

一方クルーグマンは、2013年1月13日付ニューヨークタイムスに安倍首相の経済政策を賛美し、その成果も初期の兆候としては上出来だと評価する短文を寄稿している。アベノミクス信奉者はクルーグマンに褒められたことで悦に入っているようだが、これをよく読めば彼の意図は他のところにあることが分かる。クルーグマンは、経済政策通とは言えない安倍という門外漢（ブレーンには多彩な学者が名を連ねているが全体の整合性は誰も意に介していない）の政策を持ち上げることで、これまで彼のインフレ期待値を高めるための政策提案をことごとく退けて、専ら財政引き締め策を主導してきた正統派経済学や各国当局への痛烈な意趣返しを試みているのである。

クルーグマンの安倍に対する人物評価は、同じニューヨークタイムス（こちらは電子版）に掲載された2013年1月11日付のコラムで明確に語られている。ここでもクルーグマンは安倍首相の政策を正統派の緊縮政策を打破するものとして評価し、安倍の主張は企業投資や家計消費の誘因として重要だとも述べている。問題はその先である。クルーグマンはノア・スミスのブログ(30)を参照しながら、安倍は世界大戦時の虐殺（南京大虐殺）を否定する国家主義者で経済学には関心がない人物と規定している。しかしそれはどうでもいいことだとクルーグマンは言っている。どうでもいいとは、経済政策の適否を判断する上で、その為政者の政治思想は関係がないということであろう。極めつけがこのコラムの結びである。善人が慎重さの余りに失敗を重ねているとき、邪な意図を持った悪党が経済政策的には正しい選択をするというのは痛烈な皮肉だが、こうした事態は1930年代にも生じたことがあるとクルーグマンは言う。彼が言う1930年代の出来事というのは、もとよりルーズベルト大統領のニュー・ディール政策のことではない。

クルーグマンが想起したのはアドルフ・ヒトラー総統率いるナチス・ドイツの経済政策である。当初はケインズも高く評価したとされる初期ナチスの経済政策こそ、クルーグマンのDéjà vuを呼び起こした「元凶」なのである。とはいえ、1930年代に適切であった政策が今日においても通用するとは限らないが、初期ナチスの経済政策とアベノミクスは実質的な共通項はなく、似て非なるものというべきだろう。ナチスは1933年にワイマール共和政下の「民主的な自由選挙」で政権を奪取した。この時代は世界大恐慌の渦中にあり、ドイツでも大量の失業者が溢れ、農村も疲弊を極めていた。ヒトラーは政権に就くと直ちに「第一次4ヶ年計画」を策定しドイツ経済の再建に乗り出した[31]。

同計画は①公共事業による雇用の拡大。公共事業はアウトバーンなどの道路整備を中心に実施され、これが自動車産業の振興にもつながった。予算の半分近くが広義の人件費に充てられ、扶養家族を有する中高年層を優先的に雇用して世帯収入の安定を図った。②物価統制によるインフレ抑制。価格管理官制度を施行し原料や主要食料品物価を法定価格で統制。公共事業用地費は計画立案時価格に固定し地価高騰を抑制。③疲弊した農家や中小企業の救済。穀物価格安定法で農家所得を保障。世襲農場法で担保農地の接収を禁止し債務償却銀行が農家債務を肩代わり。債務保証協会を設立し中小企業金融を円滑化、などを軸に構成されていた。これらの事業計画には16億マルクの国債（労働手形、租税債、納品債など）発行などにより、初年度だけで従来予算の数倍に当たる20億マルクが計上された。この結果、ナチスの統計を信頼するならば、ドイツの工業生産は１９３６年には大恐慌前の水準を回復した。アメリカの復興が１９４１年を待たねばならなかったことと比べても急速な経済再建であった。失業者数も最悪期（１９３２年）に５５０万人に上っていたものが１９３７年には１００万人を下回るところまで改善した。

ヒトラーは共産主義の脅威に怯える財界に巧みに取り入り、クルップ財閥など民族資本の利益をも担いつつ権力基盤を固めていった。ナチス（国家社会主義ドイツ労働者党）と今日の自由民主党は、「名は体を表わさない」という点では相通じており、安倍内閣ナンバー2の麻生副首相（財務・金融大臣）は、憲法改正の手法をナチスに学ぶべきと公言している。ナチスの手法とは少数与党のヒトラー内閣成立直後に国会焼き討ち事件をデッチ上げ（真相には諸説ある）、共産党・社民党を弾圧（議員拘束）、直後の総選挙で連立ながら過半数を獲得、議院運営規則を改定して改憲をし易くし、悪名高い「全権委任法」を成立させてワイマール憲法を無力化させたことを指す。これは謀略と適正手続き（due process of law）の偽装を組み合わせた手口だ。[32] 確かに陸山会事件等→小沢・鳩山排除→

自公連立政権→憲法96条（改憲手続き）改正→憲法98条（緊急事態宣言）、99条（宣言の効果）改正という一連の手口はナチスからよく学んでいることが頷ける（もうひとつのDéjà vu）。

しかし両党の経済政策は片や教科書的なケインズ主義、片やピノチェト張りの教条的フリードマン主義（市場原理主義）と理論的背景を異にしている。ナチスは戦争準備に向けた「第二次４ヶ年計画」を策定し、最終的には膨張主義の侵略戦争や民族排外主義のホロコーストへと暴走して自滅したが、初期の経済政策は民族資本家のみならず窮迫した労働者・農民の支持を集める要素も持っていた（ただし実際の経済政策を立案・実行したのは非ナチス党員でドイツ帝国銀行総裁に就任した実業家ヒャルマール・シャハトであった）[33]。一方アベノミクスは既にみてきたように、当初から、働く者に犠牲をしわ寄せし、専ら多国籍企業や金融資本の利益機会拡大を意図したもので、雇用の拡大も貧困や格差の解消も期待できないのである。日本の新しい宰相は、政治的に危険な国家主義者であると同時に、経済的にも初めから無謀な強権政治家として立ち現われている。

連合は２００８年10月の声明で市場原理主義は終焉したとして、歴史の転換点に当たりパラダイムシフトを牽引することを宣した。また２０１４～２０１５年度運動方針（案）では、現状は大転換機にあるが、新自由主義的な政策が復活しつつある下で、さらにパラダイムシフトを進めるとしている。これをいささか牽強付会気味に解説すると、営利企業の私的利益追求が社会全体の利益増加に繋がるという、旧パラダイムにおけるアダム・スミス流の牧歌的自由主義市場経済モデルが重化学工業化の時代に挫折し、それに取って代わりケインズ革命が先導した福祉国家路線は、量産型耐久消費財を中心とした自由貿易時代の寵児となったフリードマン反革命による新自由主義王政復古で一頓挫したものの、リーマン・ショックで金融資本主義に傾斜した市場原理主義が破綻したため、21世紀の新福祉国家に向けた「危機脱出の経済政策」[34][35]が求められているということだ。アベノミクスは市場原理主義の最後の狼煙なのである。労働組合は、連合の情勢認識や運動方針の基調を全面的に支持し、ピノチェトやヒトラーの亡霊が蠢く政治経済情勢の下で、民主主義崩壊への危機感を共有しつつ、亡霊退治人（Ghost busters）として果敢に戦う決意を固めねばならない。

（1）神野直彦『「分かち合い」の経済学』（岩波新書、２０１０年）。
（2）J・ロビンソン「経済学第二の危機」『資本理論とケインズ経済学』（日本経済評論社、１９８８年）所収。
（3）中山智香子『経済ジェノサイド』（平凡社新書、２０１３年）。
（4）草野豊己「日本は「制御不能の回転ドア」危ういリフレ政策が招く爆発」エコノミスト（２０１２年12月25日号）。
（5）浜矩子『「アベノミクス」の真相』（中経出版、２０１３年）。
（6）翁邦雄『日本銀行』（ちくま新書、２０１３年）。
（7）二宮厚美『安倍政権の末路』（旬報社、２０１３年）。
（8）翁邦雄（前掲書）。
（9）小幡績『リフレはヤバい』（ディスカヴァー・トゥエンティワン、２０１３年）。
（10）翁邦雄（前掲書）。
（11）河村小百合「日銀が力ずくで抑え込む「官製相場」の危うさ」エコノミスト（２０１３年4月9日号）。

(12) 馬場直彦「高橋財政下の金融政策と比べると日銀は既に「出口」を失った」エコノミスト（2013年7月2日号）。
(13) 間宮陽介「国土強靱化基本法案を批判する」世界（2013年7月号）。
(14) 町田俊彦「政府間財政調整における再集権化」生活経済政策（2013年7月号）。
(15) 高端正幸「復興予算流用問題の本質とは」エコノミスト（2013年7月23日号）。
(16) 小幡績『成長戦略のまやかし』（PHP新書、2013年）。
(17) 橘木俊詔×広井良典「「成長戦略」がもたらすリスク」世界（2013年8月号）。
(18) 鈴木宣弘「国益を損なうことが証明されたTPP日米事前協議」『アベノミクスと日本の論点』（農山漁村文化協会、2013年）所収。
(19) 早川行雄「TPP協定交渉参加国労働組合の見解」農業と経済（2012年5月号）。
(20) 植草一秀『アベノリスク―日本を融解させる7つの大罪』（講談社、2013年）。
(21) 田中秀明「社会保障と税の一体改革のその後」生活経済政策（2013年7月号）。
(22) 浦野広明「安倍税制改革は格差拡大と固定化を招く強者優遇の悪政だ」『アベノミクスと日本の論点』（農山漁村文化協会、2013年）所収。
(23) 浦野広明（前掲論文）。
(24) 岩本沙弓『バブルの死角―日本人が損するカラクリ』（集英社新書、2013年）。
(25) 野田毅×浜矩子×岩本沙弓「消費税の核心～いつ、どこまで上がるのか」文藝春秋（2013年9月号）。
(26) 神野直彦（前掲書）。
(27) 岩本沙弓（前掲書）。
(28) J・M・ケインズ『雇用、利子および貨幣の一般理論』（1936年）。

(29) ジョセフ・スティグリッツ「アベノミクスに欠けるもの」朝日新聞（２０１３年６月15日付朝刊）。
(30) Noah Smith「Trust not in Shinzo Abe, ye monetarists!」Not Quite Noahpinion（2012.12.28）
(31) 武田知弘『ヒトラーの経済政策―世界恐慌からの奇跡的な復興』（祥伝社新書、２００９年）。
(32) 高野孟「麻生副総理の「ナチス発言」撤回は偽装だ」日刊ゲンダイ「永田町の裏を読む」（２０１３年８月７日号）。
(33) 武田知弘（前掲書）。
(34) Edited by David Coats『Exiting from the crisis : towards a model of more equitable and sustainable growth』（2011）
(35) Seven Harvard and Tufts Economists『An Economic Program for American Democracy』（1938）
（「自民党安倍政権の経済政策（アベノミクス）の実像」労働法律旬報１８００号（２０１３年９月25日）所収）

第4章

定常状態経済と社会の再封建化

1　ポスト資本主義論

（1）定常状態とは何か

経済の定常状態とは国内総生産（ＧＤＰ）や国民所得（ＧＮＩ）の成長が止まり一定水準で概ね安定することを指す。このとき同時に金利や利潤あるいはインフレ率もゼロ近傍に収斂するはずである。スミス、リカード、マルサスらに代表される古典派経済学は、人口増加の限界や資本蓄積の進展による利潤率の低下などから、経済成長が壁にぶつかって定常状態にいたると想定していた。

さて、経済の定常状態を上記のように想定したとき、足下の日本経済の実態はどのように捉えることができるだろうか。**図4**は１９９５年から２０１４年の20年間にわたる日本の名目ＧＤＰおよび、主要な生産要素である資本（総固定資本形成）と労働（雇用者数×総実労働時間）の投入量の推移をみたものであるが、国民経済の長期停滞が明確に示されている。資本投入が漸減傾向にあるにもかかわらず、名目ＧＤＰが労働投入と概ねパラレルに推移しているのは労働生産性の向上によるものと考えられる。

図5はいわゆる成長会計の考え方に基づいて、経済成長の要因を「資本装備率」「ＴＦＰ＝全要素生産性」「労働増加率」の三要素に分解したものであり、資本装備率とＴＦＰの変化率を合算したものが労働生産性の向上を示している。１９９０年代は資本装備率の上昇が、２０００年代にはＴＦＰ

図4　GDPと生産要素投入の推移

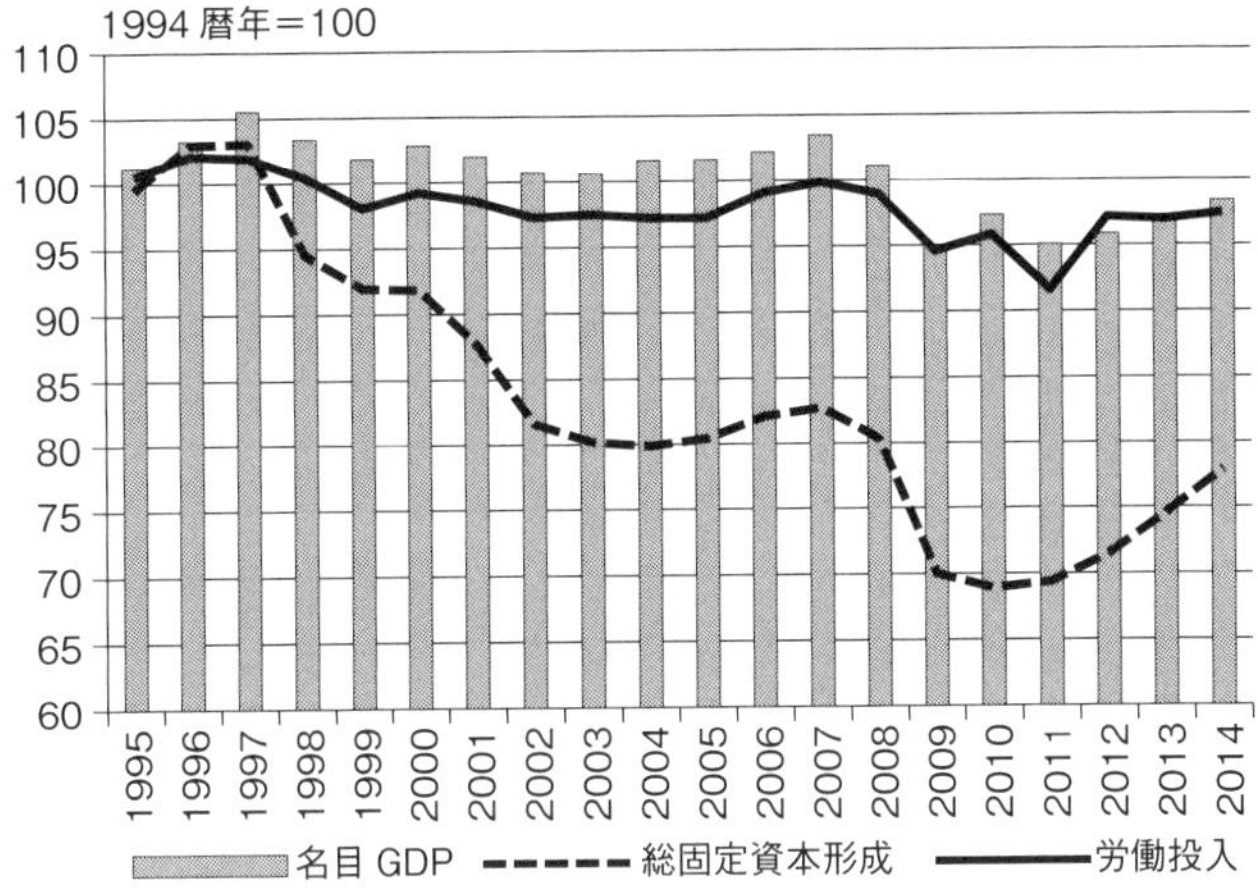

資料出所：内閣府「国民経済計算」、総務省「労働力調査」、厚労省「毎月勤労統計」

図5　成長会計からみた率の推移

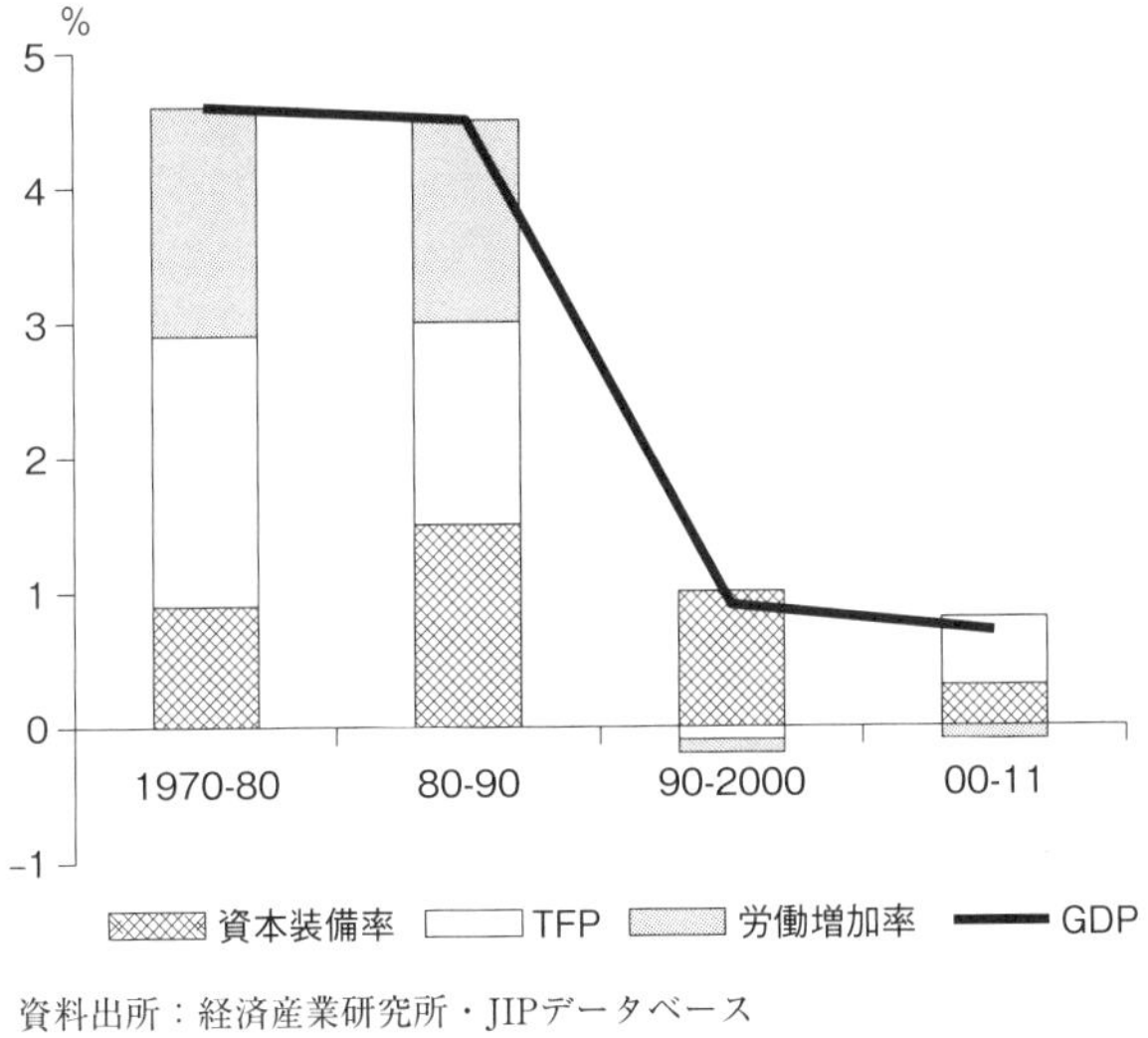

資料出所：経済産業研究所・JIPデータベース

の上昇を中心に、労働生産性の向上が経済成長を実現していることがわかる。ここで留意すべきは、後述するミルの定常状態論とも関わって、この労働生産性向上の果実がどのように配分されてきたのかということである。

図6は労働生産性上昇率と時間当たり実質賃金の推移をみたもので、さらに実質賃金上昇率を賃上げと時短に要因分解したものである。２０００年以降は労働生産性の上昇が賃金にも労働時間にも反映されず（２０００sの平均労働時間の短縮は短時間労働者の増加要因を含むことに留意）、実質賃金が低下している。

図7は過去20年間における名目ＧＤＰと名目雇用者報酬の乖離を示したものである。労働分配率が一定であれば両者は増加にせよ減少にせよ、同じ指数を表わすはずであるから、**図7**にみられる乖離は労働分配率の低下を意味している。

このようにみてくると、少なくともこの20年については日本経済が定常状態にあったことは明かであろう。どの時期を起点にそうした状態に移行したのかは本稿の主題ではないが、「経済学第2の危機」が叫ばれた１９７０年代初頭には世界経済全体の基盤的変化が兆しており、同じ70年代における二度のオイルショックは、極めて安価な原油の上に構築された先進工業国経済に構造転換を促した。世界経済およびその構成部分としての日本経済は、１９７０年代を過渡期として定常化の時代に移行していったと考えられる。

この20年間の日本経済を振り返れば、単に経済成長がなくなったばかりでなく、長期国債の利回り

図６　労働生産性と実質賃金の推移

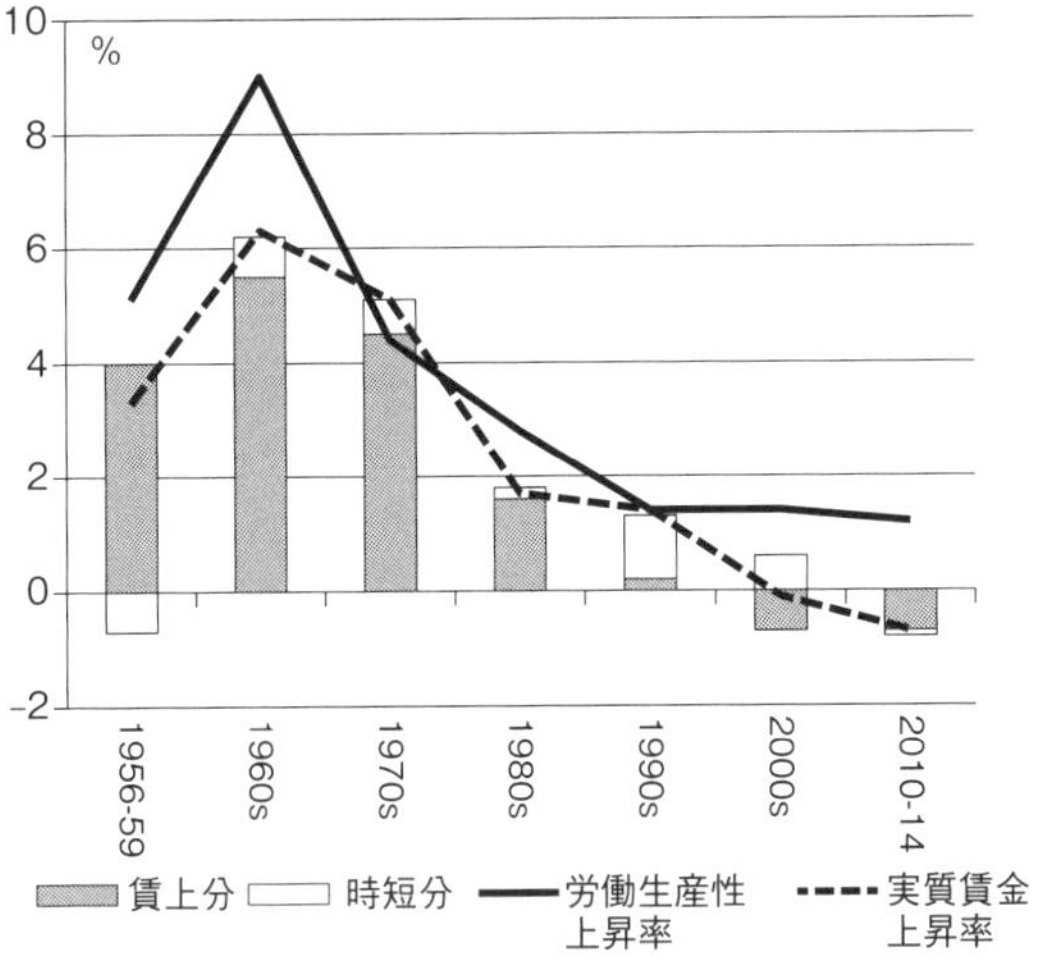

資料出所：内閣府「国民経済計算」、総務省「労働力調査」、厚労省「毎月勤労統計」

図７　GDPと雇用者報酬の乖離

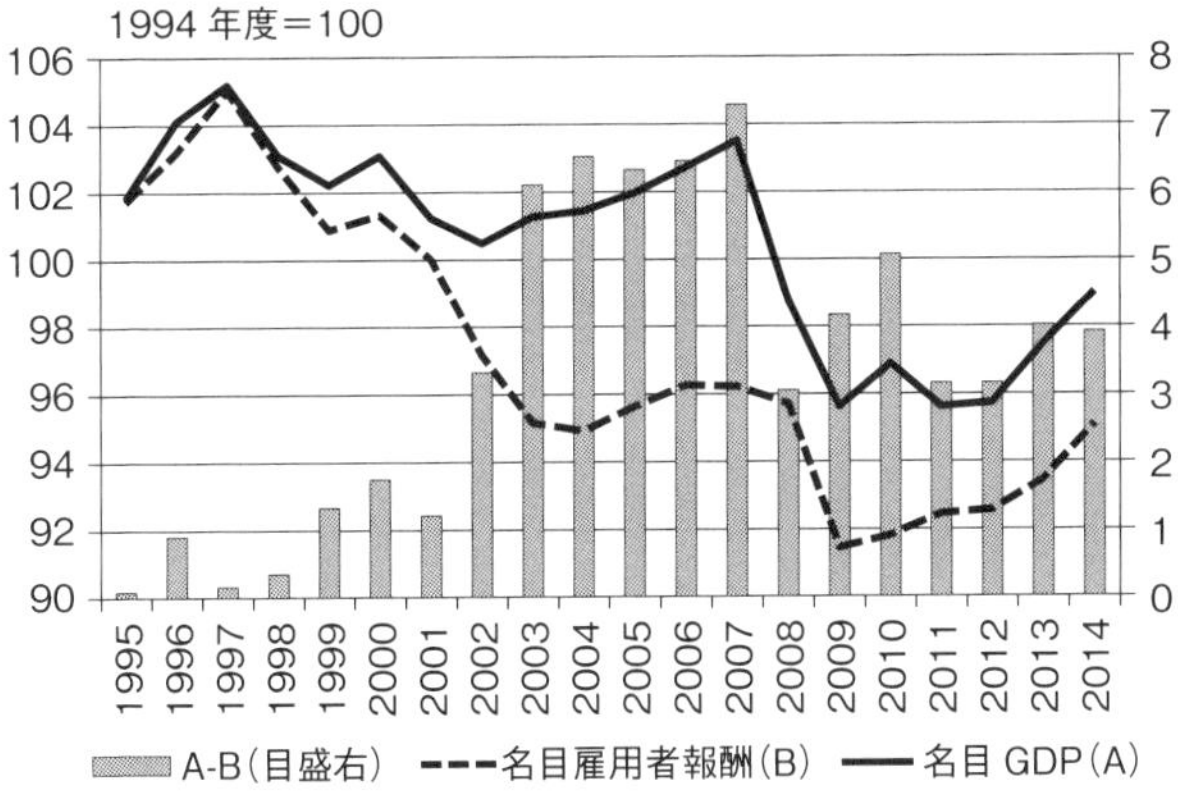

資料出所：内閣府「国民経済計算」

低下に象徴される超低金利の継続やデフレ経済と総称されるような物価上昇の消滅など、持続可能な安定した定常型社会へと転換してゆく条件は整ったかに思われる。ところが実際に生じたのは、実質賃金や名目雇用者報酬の減少による労働分配率の低下であり、格差と貧困の蔓延であった。

こうした国民生活の疲弊や社会制度の破綻が生じたのは、金利や物価はゼロに収斂しても、資本の自己増殖による利潤の拡大を止めることができない資本主義に根因があるといわねばならない。国民経済の成長が止まりパイの拡大もない中で利潤を増やそうとすれば、パイの切り方を変えて労働の取り分からの移転に頼らざるをえないのである。

（2）ミルの定常状態論

近年、資本主義に代わる市場経済の新しい生産システムをめぐる議論（ポスト資本主義論）が盛んである。興味深いのは、これら論者の多くがJ・S・ミルの定常状態（Stationary State）に言及していることだ。前項で概観したようなマクロ経済の実態がポスト資本主義論隆盛の背景にあるのだが、前述のように資本主義経済が利潤率の低下等をメルクマールとした広義の定常状態に逢着するという予想自体は、古典派、新古典派、さらにはマルクス、シュンペーター、ケインズの経済学にもみられるもので、今日の主流派経済学を除けば経済学史上の共通認識といってもよいものである。

その中でミルの定常状態論が注目される理由は、それが社会の経済的な行き詰りや終末として悲観的に描かれるのではなく、資本の利潤拡大という文化的に不毛な活動を無用にし、労働の節約（労働時間の短縮）により労働者を苦役から解放することで、今日のワーク・ライフ・バランスの理念とも共通するような、働く者の精神面も含めた生活の内実を豊かにする社会に道を開く画期として肯定的に描かれており、ポスト資本主義論としての今日的意義が再評価されているからである。

Ｊ・Ｓ・ミルの定常状態論は主著『経済学原理』第4篇の第6章で展開されている。その前段に当たる第3章では、産業的進歩の特徴的性質は「資本の増加」「人口の増加」「生産の改良」の三つに帰着すると述べており、いわゆる成長会計に近い考え方も示されている。また生産技術の改良の中身については、「一層能率の高い機械の発明」「一層費用のかからない工程の発明」さらには「外国貿易による低廉な商品（原材料）の入手」などを例示しており、シュンペーターのイノベーションに連なる発想も提示されている。

『経済学原理』の原題は"Principles of Political Economy with Some of Their Applications tosocial Philosophy"である。直訳すると「政治経済学原理とその社会哲学への応用」ということになる。政治経済学の教義についてはジョン・ラスキンらの批判（マルクスの「ゴータ綱領批判」における平等論やセンの「ケーパビリティ」概念にもつながる、実証主義的経済合理主義への批判）があったことにも留意しなければならないが、ここではミルが単に経済学と言わず、政治経済学とした趣旨について検討してみよう。それは著者の序文にも明らかなとおり、アダム・スミスの『国富論』に倣って、常に原理と応用の組み合わせに配意し、人文科学の一部門としての経済学に含まれる観念や論題の範囲を超えて、社会科学の数多くの他部門からの学際的な知識と観念をもって実際問題の解釈と決定を行うことにある。すなわち人間社会の一サブシステムないしは下部構造としての経済のみならず、市場経済と市民社会を総体として捉え返す視点がそこにはある。それ故に、書名後段における政治経済学原理の社会哲学への適用ということが重要な意味を持つのである。本書で展開されている定常状態についてのミル固有の論考などは、その一つの典型であろう。

ミルはスミスに関して、論題を扱う実際的方法と理論に関する新知識を結合し、かつ当時の哲学と関連して経済学上の原理を実際問題に適用する途を説明したが、彼固有の論題と社会哲学を分離することがなかったため、『国富論』は数多の部分で陳腐化している（すなわち時代とともに変化する実際問題への適用が困難であること）と述べている。それにもかかわらず、社会哲学の新たな進歩による最良の思想に照らし合わせながら、『国富論』に修正を加えて、社会の経済現象を説明する試みが全くなされていないとの問題意識から書かれたのが『経済学原理』である。現時点からみれば、ミルの著書もまた歴史的経過による審判を免れないであろうが、それゆえにこそ今日的な社会哲学の到達点に立って、ポスト資本主義の視点からミルの定常状態論を再構築する試みが必要となっているのである。

ミルの社会哲学は後年の主著『自由論』に代表され、一般に公共の利益を重んじる功利主義思想として紹介されている。しかしミルが生きた時代は、英国のチャーチスト運動や欧州大陸の二月革命に象徴されるように、自己調整的な市場からは満足を期待できない新興労働者階級によって、市民的自由の基盤である公共性の理念が自由放任への公的規制を求めるものへと根本的に転換されつつあった。ハーバーマスの『公共性の構造転換』によれば「ミルはこのような情勢において、財産や性別や人種の貴族主義、商品所有者たちの少数派民主主義、大ブルジョワの金権主義、これらに反抗するすべての運動を、はっきりと是認している」のであった。ミルと同時代の経済学者マルクスも「ミルのような人々は、彼らの古い経済学的ドグマと彼らの近代的傾向との矛盾のために責められるべきだとしても、彼らを俗流経済学的弁護論者の仲間と混同することはまったく不当であろう」との評価を残している。ミルは『経済学原理』において生産・分配二分論を著し、私有財産制度の批判という社会主義の問題を経済学的に論じる枠組みを構築していたのである。

(3) ヴェブレンと制度派経済学

宇沢弘文はミルの定常状態論に着目した経済学者のひとりだが、宇沢はミルの提示した定常状態、今日的用語法における持続可能な安定社会を可能にするのは、T・B・ヴェブレンなど制度派経済学の政策、すなわち社会的共通資本を最適な形で建設し、サービスの供給を社会的基準に従って行うことであるとしている。ここで社会的共通資本とは、経済的、文化的にゆたかな社会を持続させるための社会的装置であり、職業的専門家によって、国家の介入や営利企業の参入を排除しながら維持管理されるものである。稲上毅の労作『ヴェブレンとその時代』によれば、ヴェブレンはケネーの重農主義、スミスらの古典派経済学、ミルの功利主義やマルクスの唯物史観、さらにマーシャルの限界効用理論にいたる経済学説史の批判的研究において、これらを総じて「正常」や「目的」といった自然法的価値観を内在化させた一種のアニミズムと規定し、これに非人格的・物質主義的な進化論的科学による経済制度の累積過程の因果的説明を対置した。ヴェブレンの主張の当否は別にして、SeinとSollen、すなわち社会認識の客観性（Wertfreiheit）と社会変革の主体性に関わる相互の区別と連関は、今日もなお重要な論点である。ヴェブレンはロシア革命の時代を生きた経済学者であり、ロシアにおけるボリシェビキ革命の成功と革命政権が維持・継続されつつあった情勢に大きな関心を寄せており、レーニンからの招待で革命後のロシア（ソ連）を訪問する計画もあったが、レーニンが病に倒れスターリンが実権を握った後に、この招待はキャンセルされたという。ヴェブレンは、米国など営利企業形態が発達した先進国における革命的転換の可能性は極めて小さいと認識しながらも、そうした転換の基盤となりうるのはロシア型の「労農ソヴィエト」ではなく「技術者ソヴィエト」であるとするなど（稲上前掲書）、Sollenとしての政治理論も展開しているところである。

都留重人も、「成長なくて改革をこそ」という氏の提言を説明するに当たって、「成長をやめることによって改革がいっそう期待されうる」というミルの定常状態論こそ、もっとも明快な解説的記述であると評価して、理論的関心を寄せた経済学者である。そして都留もまたアラン・グルチイを引きながら「経済体制の構造と機能に対する技術変化の影響」に焦点を当てたものとして、制度派経済学の今日的意義を強調している。都留によればこうした制度派の方法論は、マルクスが生産諸力と生産様式の弁証法的関係を述べたとき、彼の念頭にあったものだという。因みに都留は著書『制度派経済学の再検討』を「広義の「制度派」としてのマルクス政治経済学の再評価」から書き起こしている（マルクスの理論を政治経済学として把握していることが重要である）。同書によれば、ヴェブレンにおける資本主義社会分析の中心は「産業」と「営業」の二分法（ミルの生産・分配二分論を想起させる）、すなわち付加価値を生み出すもの作りの主幹である技術者や専門家と、金利差や価格差の鞘取りで利潤を稼ぐ金融業者や営利企業家との対立におかれ、産業技術者を先進国経済における進歩的要因とみなしていた。資本主義分析の理論を経済的側面（Sein）と政治的側面（Sollen）から複眼的に構成するのは制度派経済学の特徴であり、ヴェブレンは技術進歩が独占経済への道を開き、産業と営業の間の闘争を先鋭化させると予想し、営利企業の完全な支配は一時的なものだと考えたが、結局アメリカ資本主義の行く末に関わる明確な予測は行わなかった。しかしヴェブレンは死の数か月前に、自分の最善の希望は共産主義であると言い遺したという（都留前掲書。ただし都留の論拠はドーフマン（1934年））。

（4）希望としての経済の定常化

経済成長は僅かだが高い産出水準が維持され、技術革新により生産性の向上も進んでいるのに、富める者と貧しい者の格差が拡大し、人々の生活からゆとりや豊かさが失われているのはなぜか。今日の経済学者が、こうした時代の提起する課題を正しく理解できず、彼らの誤った処方箋が世界にもたらした大きな弊害を、いままさにわれわれは日々体験させられている。

今日の主流をなす「経済学」が現実の社会で生起する諸問題に、なんら対応する術を持たないのは、二つの致命的な欠陥のためである。ひとつは要素主義、分析加算主義に基づく近代合理主義を模倣した擬似科学主義の弊害だ。擬似科学主義は市場という万能の実験室を仮想して分析手法を精緻化する一方で、自然や社会を外部性として排斥することで現実に対応したビジョンを欠落させ、虚構の原理に基づく成長政策を捏造してきた。この成長政策の現代における機能は、歴史的使命を終えた資本主義の無謀な延命策でしかない。いまひとつは事物の肯定的理解のうちに、その否定すなわち必然的没落をも含意するという弁証法的認識論の決定的欠如である。美しい花という概念には、それがいずれ枯れて、朽ち果てるという認識が当然に包含されていなければならない。資本主義に対する認識もまた然り。美しい花は枯れて種を残し、時を隔てて花園に生まれ変わるとしても、最初の花は朽ちなければならない。

今日の定常状態論とは資本主義没落の認識であると同時に、新たなシステムの下における市場経済再生の構想である。現代の知見から振り返るならば、ミルやヴェブレンの思想もまた、この新しい画時代的システムを模索する営みであったと位置づけることができよう。ミルは定常状態を労働者が苦役から解放され、人間社会の精神的・文化的進歩を促す契機として積極的に捉えていたので、人々が必要に強いられて定常状態に入る前に、自らの政策的選択として定常状態に移行することを切望していた。ミルの予見した、いわば希望としての定常状態が現実化していないのは、資本主義市場経済が継続する限り、「人心が経済成長政策のために奪われること」や「産業上の改良がもっぱら富の増大という目的のみに奉仕すること」から逃れられないためであろう。これはミルにとって自明であった成長の有限性という概念が、今日の経済学から脱漏していることにもよるものである。

長期停滞の下で徒に成長神話を追い求めた結果、「生産技術の改良」は全体としての「労働の軽減」ではなく、長時間過重労働の一般労働者と短時間不安定雇用の非正規労働者への二極化をもたらした。この社会的分断を克服することが喫緊の課題である。上場企業が生産性向上の果実を過剰に享受して史上空前の利益を上げることが、成長の内実でもなければ目的でもないはずだ。労働生産性の向上、すなわち科学技術の進歩や労働の質の改善の成果を、雇用の質の改善（ディーセントワークの普及）および労働時間短縮や実質賃金水準の引き上げなどの労働条件の向上に充当し、結果として幸福で豊かな勤労者生活を実現することによって、経済を成長なき好循環の軌道に乗せること、これこそが持続可能な社会に移行するための必須の礎であり、その結果として国民生活の全般的厚生を底上げすることにもなるであろう。しかしそれは体制変革を伴う経済史的なパラダイム転換であり、歴史の進歩を妨げる抵抗勢力に対する、明確な対抗軸を持った意識的政治闘争を介してはじめて可能となるのであって、予定調和的に実現されるものではない。

2　近代民主主義と社会の再封建化

（1）公共性の構造転換または擬制の終焉

① 公共圏の史的展開

最初に再封建化という概念について整理しておこう。歴史的にみた狭義の（あるいは本来の意味における）封建制度は、領主支配を全国的に統一した絶対主義王政の成立によって衰退してゆくのだが、本稿で再封建化という場合、むしろ絶対主義への回帰と捉えたほうが相応しい事象も含まれる。そこで17世紀から18世紀に市民革命を経て成立した、立憲君主制や共和政体の近代国家成立をひとつのメルクマールとしつつ、アンシャンレジームの絶対王政時代を含む前近代への回帰現象を総じて再封建化と表現している。また社会の再封建化を判断する前提として、近代国家成立以降の民主的な市民社会はどのような発展過程をたどってきたのかについても概観しておく必要があろう。ここではハーバーマスの公共性（公共圏）の概念も援用しながら、その構造的な変化を追うことで、市場経済もしくは（and/or）市民社会が変容しゆく軌跡をたどってみたい。ハーバーマスの公共圏は（ハンナ・アーレントの公共空間と同様に）古代ギリシャのポリスに端を発するが、ここでは市場経済と市民社会という相互に説明変数であり同時に被説明関数であるような、相互媒介的な概念ないしは（and/or）実態を起点に議論をすすめよう。

市民による公開された自由な討議は、17世紀末から18世紀初頭にかけて形成された文芸的なサロンをその端緒とする。文芸的サロンでは、貴族や教会など専横的支配階級に独占されていた芸術に対し、市民も読者ないしは鑑賞者として評論に参加してゆくこととなる（文芸的公共性の成立）。この背景には商品流通の拡大を通して市場経済化が進んだこと（芸術作品も市場で価値を持った商品となり、新聞、雑誌のジャーナリズムも発達した）や、例えば英国の清教徒革命、名誉革命などの市民革命を介して立憲主義政体が誕生したことが大きく影響している。ここで押さえるべきは、文芸的公共性の成立が旧支配層の君臨する国家に対立し、逆にそれを統御しようとする理念を胚胎させていたことである。清教徒革命の申し子ともいうべきジョン・ロックが『統治二論』で展開した「社会契約説」は、国家権力（王権）の神授説を否定して、国家権力は国民との契約により、生命・自由・財産を他者から脅かされないという自然権を保護する目的で行使される場合にのみ正当化され、逆に自然権を不当に侵害する国家権力に対して国民は革命権（抵抗権）を有すると説いた先駆的民主主義政治論であった。

18世紀後半に至ると市民（ブルジョワ）階級の台頭とともに文化的に形成された公共圏の政治性が強まり、封建的身分支配を残す国家に対して、公共圏の公論に由来する生得的な自然権の承認と市民法による私有財産権（およびその自由処分権）の擁護が実現されてゆく。すなわちこの過程は、ブルジョワジーの私的利益でもある市民的自由に公権力を従属させる法治国家の登場を意味する。一方で私有財産制度はすでに18世紀において不平等な文明社会を生み出しつつあった。ルソーはロックの社会契約説を発展させ、『社会契約論』の中で、政府は私人間の個別的意志（利害）を超えた「一般意思」を体現するものでなければならず、自然権はこのような政府に委ねられ保護されるとした。この思想はブルボン王朝を倒し第三身分（平民）による国民議会を発足させたフランス革命の思想的基盤ともなった。ルソーの「一般意思」については多様な解釈があるが、今日でいうところの公共の福祉に近い概念であると考えられる。しかし多数意思が「一般意思」に転化する過程で排除される少数意思がありうることには（今日でもなお）留意しなくてはならない。

② 擬制の終焉へ

ここまでは市民的公共性の前史にあたるが、19世紀に入ると人民憲章で普通選挙権を要求した英国チャーチスト運動や大陸欧州における1848年の革命的高揚によって公共圏に新たな広がりと質的転換がもたらされた。本稿前段で述べたJ・S・ミルらの時代になると古典派経済学が前提する自己調整的な自由市場からは生活と権利の保障を得られない階級（それは18世紀的な公共圏の外に位置させられた人々である）が歴史の舞台に登場し、この階級を主体とした社会変革を目指す社会主義思想も勃興する。マルクスは市民的公共性における自律的人間たちによる公論を、私有財産主（ブルジョワジー）たちの階級的利害の仮面であるとみなし、政府権力から市民社会を解放して権力を中立に導くどころか、市民的な契約の自由に名を借りて、実際には資産家と賃金労働者間における新たな対立関係を生じさせるとした。歴史的事実として、無産の賃金労働者にまで公衆が拡大すると、その集団的要求は自己調整市場で満たされることはなく、「街頭の圧力」という実力行使の下で工場法や失業保険制度などの労働者保護法を成立させた。こうして公権力を用いたブルジョワジーの自由放任に対する統制を志向する一方で、自らの階級的利害を代表した労働組合の組織化も進展したのであった。

ポランニーは資本主義市場経済を、すべての商品が市場で販売され、すべての所得がこの市場での販売から得られる自己調整的市場というフィクションに基づくものとして特徴付け、自己調整的市場では、かつて商品とされることのなかった貨幣、土地、労働までもが、それぞれ利子、地代、賃金という市場価格をあてがわれた擬制商品として出現すると述べている。擬制商品原理に基づく市場経済の野放図な拡大は社会的脅威となり、社会は自己防衛のために、右にみたような労働者保護立法や労働組合の組織化などの対抗措置を講じてきた。ポランニーは20世紀初頭（第一次世界大戦）までの社会史を、経済的自由市場原理と社会の自己防衛という対立する二極の間を揺れる振り子の「二重運動」として捉えたのであった。

市民的公共性は国家と社会の分離を前提に成立する。私的資本の自律的展開は絶対主義時代の重商主義的統制から解放されることで進むのだが、その結果誕生した自己調整的市場は、私的圏内では解決しきれない利害衝突をも生じさせた。ここに公共性の構造転換の契機が存するのであり、この利害調停を政治の場面に移し替えることにより19世紀末には、台頭する労働者階級が社会的要求を国家の規制によって実現しようとすることに対抗して、資本は国家に対し新重商主義的な保護貿易政策を採らせ、国内市場では株式会社形式の大企業がコンツェルンを形成するなどして寡占的な資本蓄積を進行させた。ここに現れた国家の新たな政治的機能および巨大企業の市場支配は、社会の再封建化を意味する。そして新重商主義政策は、その帰結として第一次世界大戦を勃発させ、１９３０年代の世界恐慌の洗礼を受けて市場社会の崩壊をもたらし、自己調整的市場という擬制を終焉させるはずのものであった。

（2）株式会社による再封建化の構図――誰が民主主義を壊したのか

①　株式会社の発達史

資本主義成立の起点を何に求め、どの時代と定めるかにかかわらず、資本主義の初期から今日的な株式会社が存在した分けではないことは明かである。株式会社が成立する以前の資本主義における企業の原初的形態は出資者が一私人の個人企業である。相対的に規模の大きな事業を行う場合には複数の出資者が資金を出し合う、今日でいう合資会社などのような持ち分会社が設立された。これらの企業形態は現在でも多く存在するが、当初は個別の事業が完了する毎に利益（または損失）を配分清算していた。

貨幣資本のさらなる集中と事業や企業組織の継続性を特徴とする株式会社の始まりは、17世紀初頭に設立されたイギリスやオランダの東インド会社（英1600年、蘭1602年設立）である。しかしこれらは重商主義政策の下で国王から交易の独占権を与えられた勅許会社であった。18世紀の経済学者アダム・スミスは『国富論』において、交易を独占する株式会社を、国民経済や世界貿易の発展にとっての障害であると厳しく批判した。市民革命を経た19世紀に入ると、近代的な所有権にかかわる法の整備が進み、ほぼ現在と同様な株式会社が誕生してくる。マルクスが『資本論』において、株式会社は詐欺師と予言者の二つの顔を持つと論じたように、一方では少数の大資本による多数の零細資本の淘汰・収奪を促進して市場の独占化が進み、擬制資本（有価証券など）の破綻による信用恐慌

（バブル崩壊）を惹起するなど、かつての勅許会社以上に社会進歩の阻害要因ともなるが、他面では信用制度を前提とした資本蓄積の最高形態であり、多数の出資者（株主）を利子生活者に転化することで、資本主義的枠組みの範囲内で私的所有を制限し、将来の社会的所有への通過点ともみなされたのであった。因みにいえば大塚久雄も、ヒルファーディングの『金融資本論』に触発されつつ、経済学研究の端緒において、資本主義市場経済の発展段階を特徴付ける研究対象であると同時に、私的な性格を止揚しながらパラダイム転換の物質的基礎を準備してきたものとして、株式会社の発生史に着目したところである。

20世紀に入ると資本蓄積の最高形態である株式会社は、金融資本の拡大強化によって一層洗練化された。株主層の拡大＝大衆化という株式市場「民主化」の逆説として、持ち株会社を中核にますます少数の株式保有で企業を支配するようになったコンツェルンが発達し、金融資本による不在地主のような寄生的支配が強まり、独占が経済民主主義を押し切る形で再封建化が進行した。

②　社会主義体制下の国営企業

20世紀にはまた、資本主義社会における株式会社形式の営利企業制度に対するさまざまな修正や解体の試みがなされた。資本主義体制の内部でも独占禁止法制による集中排除・経済民主化が図られ、公益産業の国有化なども実施された。しかし最も象徴的な試みは、ロシア革命後に成立した社会主義計画経済体制であろう。社会主義体制下における国営企業の評価は本稿の主題ではないが、筆者はソ連などで発展した計画経済下の国営企業は、本質的機能において資本主義的株式会社と異なる性格を持っていたとは必ずしも思っていない。ソ連では生産手段の私的所有が廃絶され、市場経済が計画経済に取って換えられたのだとされた。しかし、人が自分をどう認識しているかによってその人を判断できないように、その時代の精神またはイデオロギーからその時代の客観的評価はできないものだとしたら、右の主張は到底鵜呑みにできない。

ソ連の憲法が生産手段の私的所有を否定していたとしても、政府や党の官僚あるいは国営企業の経営者は、その地位を基盤に特権的な所得を得て世襲さえしてきたのではなかったか。結果としてこれら特権集団と一般の労働者の利益は対立し、階層的に分断されてきたのが実態である。ここにみられる経済的実権と政治権力の融合は典型的な再封建化社会のそれであり、文字通り左右が逆転しているだけで、資本主義的株式会社組織の本質を映し出す鏡のようなものではないか。ソ連崩壊後にロシアの国営企業の「民営化」が進められたが、旧国営企業の経営者やその特権に連なる既得権層がそのまま居座る事例も珍しくなかったようで、ここにも国営企業と株式会社の融通無碍な親和性が露呈してはいないだろうか。

市場経済を計画経済に転換したという主張にいたっては、完全に妄想の域に入っているというほかない。特にスターリンが独裁体制を確立して以降は、こうした空想的「反市場経済」政策が蔓延してゆくが、実際にはトルカーチ等と称される闇商人の手で、資材の過剰在庫を抱える事業所と資材不足の事業所間の調整を行う地下経済が、相当程度ソ連の生産体制を支えていたことは周知のことである。

こうした混乱は、市場経済を資本主義そのものと同一視する初歩的錯誤から生じたものだが、少なくとも革命初期の指導者たちは右のごときスターリン的妄想から自由であったはずである。

③ 洗練された封建制の確立

安倍政権の安全保障関連法制にかかわる国会審議の有様をみると、議会制民主主義が予定する適正手続きにあまねく違反し、憲法が為政者の権力行使を規定するルールにことごとく背いた反動の極みであり、立憲君主制以前の前近代への逆行として、社会の再封建化の典型をみる思いである。しかし安倍政権は近代社会の鬼っ子として突然変異のように登場したわけではないし、たまたま希代の悪党が政権を握ってしまったわけでもない。市場経済は資本主義システムの下で定常状態に逢着したが、そこにいたる過程で社会の再封建化が着実に進行してきた。経済的な支配権を握る特権階層が、そのことを通して政治権力をも掌握して人民を支配するのが封建制度。農業主体の中世・近世にあっては封建領主の土地所有が経済的支配権と政治権力の基盤であった。現代の再封建化現象は、市場における自由競争と政治的民主主義というフィクション（擬制）が、大企業への経済力集中と資本による政治支配が確立する過程で崩壊した結果としてたち現れたものと考えられる。

少なくとも政治的民主主義はGDPの単純な関数ではなく、あえて比喩的にいえば資本主義の発展過程のある段階で、両者を結ぶパラメータの符号が逆転するように思われる。そしてこの逆転を導いた主役として、株式会社の成立と発展が大きな役割を演じてきたのである。今日の経済の中軸をなす株式会社形式の巨大企業は、経済力の集中と合わせて政治権力の中枢をも掌握することで、法人税の軽減や各種の法人優遇税制、さらには輸出補助金的性格を有する消費税還付など税制上の特権を獲得している。また営利本位の企業から国民生活を守る諸規制も構造改革などと称して緩和が進み、今日的にはTPP（環太平洋戦略的経済連携協定）など多国間投資協定にかこつけながら企業の利益機会拡大がはかられている。ここでは政治主体としての国家が経済主体としての企業の行動をコントロールする力を失い、かえってその利益に奉仕する組織に転化してしまっているのである。

国家のこの変容は、現代的に洗練された封建制とでもいうほかない。民主主義の深化を歴史的前進の尺度とすれば、歴史の進歩に対する反動を最も端的に示しているのは、新自由主義政策に基づく、公益産業から医療、教育にいたるまでの民営化である。民営化とは、ヴェブレン＝宇沢における社会的共通資本の最適な形態での建設とは完全に逆行して、社会的共通資本を国家の庇護を受けた（国家権力を私物化したというべきか）私的営利企業の領域に流し込むものである。

（3）ポスト・デモクラシーという岐路

民主主義（democracy）の語源はギリシャ語の人民（demos）と統治（kratia）であり、本来は多数者である人民による統治という政治制度を表す言葉である。近代においても民主的政治制度は決して単線的に整備されてきたわけではなく、20世紀におけるその変遷を冷戦時代の用語（レトロニム）を借りて振り返れば、一つの資本主義世界という希望的想定は第一次世界大戦による対立抗争によって潰え、ロシア革命によって社会主義体制が誕生することで第1世界と第2世界に分裂した。第1世界は大恐慌を経てファシズムと社会民主主義的福祉国家に再分裂し、第二次世界大戦はファシズムの敗北で終わった。

20世紀後半は第1世界と第2世界が対立する冷戦の時代となったが、1960年代までは両世界が技術進歩と高度成長を競う過渡的な繁栄の時代を画した。1970年代に入り、いわゆる南北問題の顕在化から第3世界の自立に向けた運動が台頭すると、危機はグローバルに伝播し、第1世界ではスタグフレーション（批判）が福祉国家の土台を掘り崩し、第2世界では反官僚民主化運動のうねりがベルリンの壁を崩壊させた。両世界の破綻したシステムを糾合し、一部が新興国となった第3世界をも巻き込みながら、究極のフィクションたるグローバリズムの席巻を許しているのが今日の事態である。代議制民主主義を基盤とする政治体制は市民革命以降の長い歴史を有するが、20世紀においてその体制を継承しようとする契機は、「プロレタリアによる独裁」が「多数者による統治」と同義であった社会主義体制のごく初期の試みを除けば、ケインズ主義政策を基調とした福祉国家のうちにもっぱら育まれてきたと考えられる。従って現代の再封建化の特徴は、この福祉国家を敵視して亡きものにせんとプロパガンダを継続している市場原理主義＝新自由主義政策を梃子として進展していることにあるといえよう。

新自由主義イデオロギーの特徴とは、第1に「株主利益の最大化」を強調し、第2に「消費者福利の最大化」を唱えることである。株主優先とは株式会社（法人）資本主義にあっては自明のことのようでありながら、株主総会の形骸化に端的に示されるように、一般的株主とは分散した利子生活者の陽炎のような存在でしかない。まして消費者にいたっては虚構のトリクルダウンを心待ちにするのみの、極めて抽象的な霞のごときイメージにすぎない。畢竟、これらのスローガンは、パイが拡大しない経済の下で労働者にリスクを転嫁し、資源配分を削減するためのプロパガンダとして機能しているのである。そして第3に重要なのは、政府規制や再分配政策の廃止による小さな政府を標榜して利益機会の拡大を企てる一方で、「構造改革」「成長戦略」などの利益誘導政策を政府に採用させていることである。換言すれば、自己調整的市場のゾンビを復活させ、政治権力を用いて資本の自己増殖をほしいままにすることの正当化であり、グローバリゼーションとは国民国家がこのイデオロギーの軍門に降る過程にほかならない。

この背景には先進国における国内市場の飽和化があり、経済の重心が製造業などの実体経済から金融に移行するにつれて、労働者の負担による企業利潤の極大化が企図されるようになる。こうした観点からすると、経済が成長を止めた定常型社会における経済の金融化が意味するのは、マクロ的な所得分配における労働から資本への所得移転（拡大しないパイの切り口を資本に有利に変更すること）を促す巧妙な収奪システムの構築にほかならず、擬制資本（その市場取引から生じるキャピタルゲイン）を駆使した株式会社の詐欺師的な側面がその頂点を極めた状態といえよう。もとより「高度に発達した」金融工学が生み出したさまざまな証券化商品（デリバティブ）から生じたようにみえる見かけ上のゲインの大半はバブルであり、バーチャルなものといっても差し支えないだろう。大儲けする者も破産する者も出るであろうが、基本はゼロサムゲームであり金融工学がパイそのものを拡大することは基本的にはない。労働から資本への所得移転の主要な経路は国家の税財政に組み込まれており、典型的な事例は破たん金融機関など私企業への国費投入である。結果としての国民所得計算によれば間違いなく労働の取り分が損なわれるような仕組みとなっていることを見極める洞察力が重要なのである。

コーリン・クラウチはこうした先進資本主義国が置かれた状況をポスト・デモクラシーという概念で総括した。クラウチは民主主義の発展（後退）状況に関して、20世紀中葉をピーク（この時期に社会民主主義的福祉国家モデルが確立された）とした放物線で描き、21世紀に入った現在は民主主義の後退局面が進行しているとみなしている。ポスト・デモクラシーとは――70年代における経済学第二の危機を経由し――この後退局面全般を指すものだが、そこでは普通選挙や議会政治のような民主政治の道具立ては残存するものの、中間層の経済的没落と連動した公衆の政治的自己決定力の後退がもたらせられる。一方で政・財・官のエリートは経済的実権と政治権力の融合した支配力を獲得して、自己完結的に欲求を充足させるようになる。これは20世紀最後の四半期に現れた再度の前近代への歴史的分岐＝再封建化であり、洗練された凶暴性をとりもどした資本主義市場経済は、社会も国家も丸ごと悪魔の挽き臼に引き込んでゆくのである。

（4）資本主義に代わる市場経済システムは可能か

市場経済の資本主義的発展の過程で、市民社会の基盤をなす公共性や政治体制としての民主主義は、どのように変容し今日に至っているのか。これらの諸問題はいずれも、資本主義的営利企業が株式会社形式によって成長してきたことと密接に関連することはすでにみてきた。ハーバード大学およびタフツ大学のエコノミストが「投資を営利企業の恣意的判断に委ねていては、人も資源も効率的に活用することは最早できない」（『アメリカ民主主義のための経済綱領』（1938年））と宣してから長い年月が流れた。営利企業と非営利企業の相違は、出資者（株主）から調達した資金に配当するか否かの違いだけともいえる。持ち株を出資金に転換すれば、配当やキャピタルゲインの機会は失われても、とりあえず元本が保全されるとすれば、倒産で持ち株が紙くずと化すよりははるかにましなはずだ。究極的には、利潤を確保して株主に配当すること、定常型社会の言葉に換言すれば、社会に格差と貧困を拡散することでしか持続できない営利企業は市場から退場することになるであろう。本稿では資本主義を広義の市場経済を稼働させるオペレーションシステム（OS）のひとつと把握し、資本主義に替わる新たな市場経済のOSへの転換の必要性を強調したい。冒頭で言及したポスト資本主義論争も、この新しいOSを巡る議論が展開されているものと考えられる。都留重人、宇沢弘文らが重視した制度派経済学も、市場経済に新しいOSを提供するものとして想定されていたと言ってよかろう。

都留の場合は1980年代において、日本を含む先進資本主義国においては体制変革の物質的条件

（生産力の発達）が成熟しており、現代資本主義は社会主義への移行過程に入っているとの認識の下に、来るべき体制が実現すべき理念として「人間疎外の状態からの脱却」「利潤の社会化による投資の計画化」「非市場的手段による生活必需品の分配」の三点を挙げている。問題は社会主義であれ何であれ、そうした新体制へと導く手順あるいは転換の戦略（政策手段）である。都留は第二の点を最も重視して、フローすなわち資本主義市場経済では利潤として営利企業に帰属する余剰（サープラス）の社会化を提唱する（企業の国有化などストックの社会化に対比される概念）。フローの社会化は法人課税などによってすでに部分的には実行されているところだが、経済規模の成長を期待できない（しない）定常型社会においては、利潤の追求が格差や貧困を不可避的に拡大してゆく実態に照らして、フローの社会化は喫緊の課題といわねばならない。

しかし皮肉にも1980年代以降、各国の経済政策の主流の座を奪取したのは、自己調整的市場の凶暴化したゾンビに依存した新自由主義であった。究極的再封建化のイデオロギーとしての新自由主義（市場原理主義）とそれに基づく経済体制が死滅しない理由は、株式会社形式の巨大営利企業の支配が揺らいでいないことにある。水野和夫が言うように、あるいは資本の自己増殖を機動力とする資本主義というシステム自体はすでに終焉していて、株式会社による支配だけが封建体制さながらに残存しているのかも知れない。いささか戯画化した表現になるかもしれないが、洗練された再封建化社会では、領主が農奴を支配したように資本所有者が賃金奴隷を支配する。欧州の封建制は中央集権的絶対王政の成立によって衰退したが、再封建化社会においては、株式会社の資本主義的な私的所有の形態を揚棄して、予言された社会的企業に転化するような、市場経済の新たなシステムに向けたパラダイム転換が問われることとなる。

既に述べたように、ポランニーは19世紀文明の経済基盤であった自由放任資本主義のイデオロギー的淵源を（生産要素を擬制商品化する）フィクションとしての自己調整的市場と規定した。そのフィクションが崩壊した後、市場から社会を防衛する選択肢として、社会主義、ニューディール福祉国家およびファシズムが登場してくる。ファシズムは論外として社会主義と福祉国家はいずれも、少なくとも初期の当面の期間は、市場メカニズムに依拠しつつ、市場の弊害を中央の政治権力によって統御して行くことを共通の政策としていた。しかし、社会主義はスターリン主義の一党独裁により根っこから変質し、福祉国家もまたサムエルソンらの新古典派総合による混合経済体制へと換骨奪胎されてしまった。こうして社会の防衛を企図した市場経済の第2ステージへの移行は道半ばにして頓挫させられ、１９７０年代後半以降はフリードマンらを主唱者とする市場原理主義（20世紀的フィクション）の跋扈を許している。危機に瀕する市場原理主義の暴走を前に、今こそパラダイムシフトを実践的な課題とすべきときである。そのことを可能にするのは先人の叡智をも批判的に継承した21世紀の「ニューディール政策」または「社会主義」の模索であり、それは単に社会を防衛するという受け身の対応ではなく、ポランニーにならえば市場経済（資本主義）崩壊後の「複合社会」を展望することである。資本主義市場経済を単に市場経済（市場社会）と称する場合もあり、主流派経済学の論議においては資本主義と市場経済が同義語のように語られることも少なくない（最も通俗的な意味ではスターリンの市場経済認識と同じである）。また資本主義は、他のすべての制度を除外した限りで、最悪の経済制度である（さまざまな問題はあっても、人類が見出した最良の経済制度だ）などとも言われることもあった。この場合は資本主義を選択肢のひとつと位置づけている点が大きく異なり、過去形で語られる場合に限れば、成長至上主義的な論者からの賛同を集めてきた。しかし、いまわれわれは、資本主義の断末魔のあがきを日々観察し体験しているところなのである。

従って普遍主義的福祉政策を基軸とした新生社会民主主義にせよ、地域分散型ネットワーク社会にせよ（もとより相互に矛盾するものではないが）、市場経済の新たなOSについての提起に、株式会社による市場支配に終止符を打つことが含まれないならば、真剣な議論として受け止めることはできない。そこでの課題はフローとしての利潤の社会化であり、営利企業に統制された国家権力を、開かれた公共圏の公衆に解放する「国家から社会へ」の体制変革である。労働組合および協働組合、NPOなどの市民組織は、そのことを明確に意識した社会運動を組織しなければならないし、政党はそうした社会運動と深く切り結ぶことによってのみ民主主義の再構築に貢献しうるだろう。株式会社による市場支配に寄って立つ資本主義を終わらせるために、あまたの思想が右から左まで雑居している現状を超え、熟議民主主義（コミュニケーション）の方法論を徹底することを通して、ポスト資本主義に向けた社会運動を構築すること——その主体を私たちがうみだすことが、とりもなおさず私たちの「革命」の課題である。

（「定常状態経済と社会の再封建化」労働法律旬報1852号（2015年11月25日）所収）

第5章

危機に立つ春闘

はじめに――なぜ賃金は上がらないのか

２０１０年頃から賃金デフレ論や賃上げターゲット論が民間エコノミストの間で盛んに唱えられるようになり、賃金の上昇こそが日本経済好循環の必須要件とされてきた。ここ２～３年に至っては官邸までもが賃金の引き上げを企業経営者に求めるようになっている。賃上げの必要性が繰り返し主張されるのは、経済の好循環をもたらすに足る賃上げが一貫して行われてこなかったことの証である。賃金が上がらない理由について、20世紀末に出された連合総研の『90年代の賃金』は「84年以降の賃金決定には組合の主体性の希薄さとパワーの弱さが感じられ、それが「過少賃上げ」をもたらす結果となっていると思われる」と述べて、労働組合の交渉力の低下を指摘している。

労働組合の交渉力強化に向けた組織論・運動論は、なお今日的な課題ではあるものの、本章での主題からは外れるので、ここではそうした労使の力関係の変調を生じさせた情勢の特徴を、マクロ的な分配の歪みと中小企業を取り巻く経営環境の変化に焦点を当ててみてゆくこととする。

1　勤労者所得をめぐるマクロ環境の変化

（1）賃上げにも時短にも配分されない生産性向上

日本経済においては、高度成長期から少なくとも1990年代初頭までは労働生産性（時間当たり、以下同）の向上が経済成長という全体のパイの拡大に寄与するとともに、賃金水準の向上や労働時間短縮といった労働条件の引き上げを牽引してきた。戦後日本において経済成長率を示すGDP（国内総生産）の増加率と就業者の増加率を比較すると、GDPの方が高い伸びを示してきた。つまり労働生産性の上昇により、一人当たりのGDPが一貫して増加してきたことを意味している。また労働生産性の上昇は、労働者にとって賃金増加や労働時間短縮など労働条件の向上の原資となるはずのものである。**図8**により、就業者数に総実労働時間を乗じた労働投入量をもとに、単位時間当たりの労働生産性の上昇率をみると、労働生産性上昇の果実は、時間当たり実質賃金の増加の形で配分されてきたことが分かる。また、時間当たり実質賃金の上昇は、一人当たりの実質賃金の上昇と労働時間の短縮に分解できる。

図8から戦後の動向を概観すると、1950年代には実質賃金も労働時間もともに増加し、労働時間の増加が一人当たりの手取りの所得を増加させている。この間は労働時間の増加が時間当たり実質賃金を押し下げていたが、敗戦後復興期においては、所得の増加が重視され、労働生産性の上昇を労

図８　労働生産性上昇率と時間当たり実質賃金

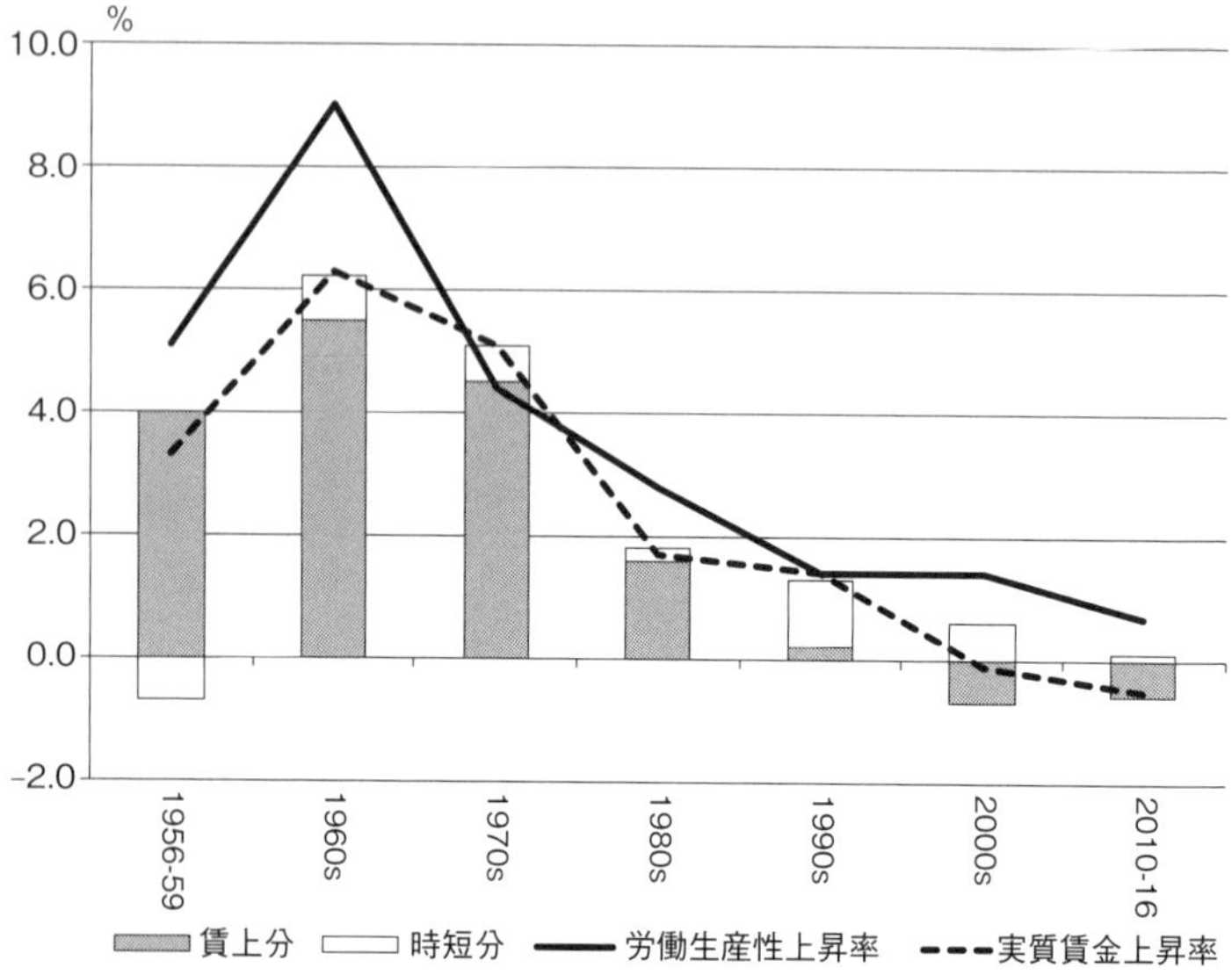

資料出所：内閣府「国民経済計算」、総務省「労働力調査」、厚労省「毎月勤労統計」
（注）時間当たり労働生産性＝実質GDP／就業者数＊総実労働時間

働時間の短縮に配分することは多くの労働者に好まれなかったことに加え、中小企業においては低賃金を長時間労働でカバーする傾向が強かったことも背景のひとつとして考えられる。一方、１９６０年代や１９７０年代になると、労働時間短縮が進み、労働生産性の上昇が実質賃金の上昇ばかりでなく、労働時間の短縮へも配分されていたことが分かる。１９８０年代になると労働時間の短縮は滞り、国際的にも日本の長時間労働が問題視された。

１９８８年の労働基準法改正で週40時間制が導入され、完全週休２日制の広がりなどもあって労働時間の短縮が進んだ。１９９０年代には労働生産性の上昇の成果は、その多くが労働時間の短縮に配分された形になっているが、この間の労働時間短縮の要因には、短時間労働者の構成比が上昇したことにより労働者全体でみた労働時間が短くなった影響が含まれていることに留意すべきである。

2000年代に入ってからは、2002年2月以降2008年2月に至る73か月におよぶ戦後最長の景気拡大過程の下で労働生産性は引き続き上昇したものの、実質賃金は減少した。2010年以降は短時間労働者の比率も頭打ちとなり、総実労働時間がほぼ横ばいの推移となったこともあって、時間当たり実質賃金の低下傾向が強まっている。2000年以降、時間当たり実質賃金の伸びは労働生産性上昇率を下回って推移しているが、足元の2010年代には労働生産性の伸び率自体が低下した結果として、賃上げも時短も進んでいないのが実態だ。

図8は厚生労働省の2007年版労働経済白書に掲載されたグラフに直近のデータを加えて作図したものである。因みに内閣府の2012年版経済財政白書も、時間当たり実質賃金と労働生産性の相関は2000年代に入って消失したと述べている。労働生産性の向上分が賃上げにも時短にも反映されないということは、取りも直さずこの間の労働分配率が低下していることを意味する。労働経済白書ではこの労働分配率の低下について、所得水準の相対的に低い非正規労働者の割合が高まったことが、雇用者報酬の削減効果を持ったことによるものと考えられ、近年の労働分配率の低下をほとんど説明することができるとしている。非正規労働者比率は2006年の33・0%から2016年には37・5%に上昇しており、今日でも状況に変化はないものと考えて差し支えない。

図９　製造業国内総生産の推移

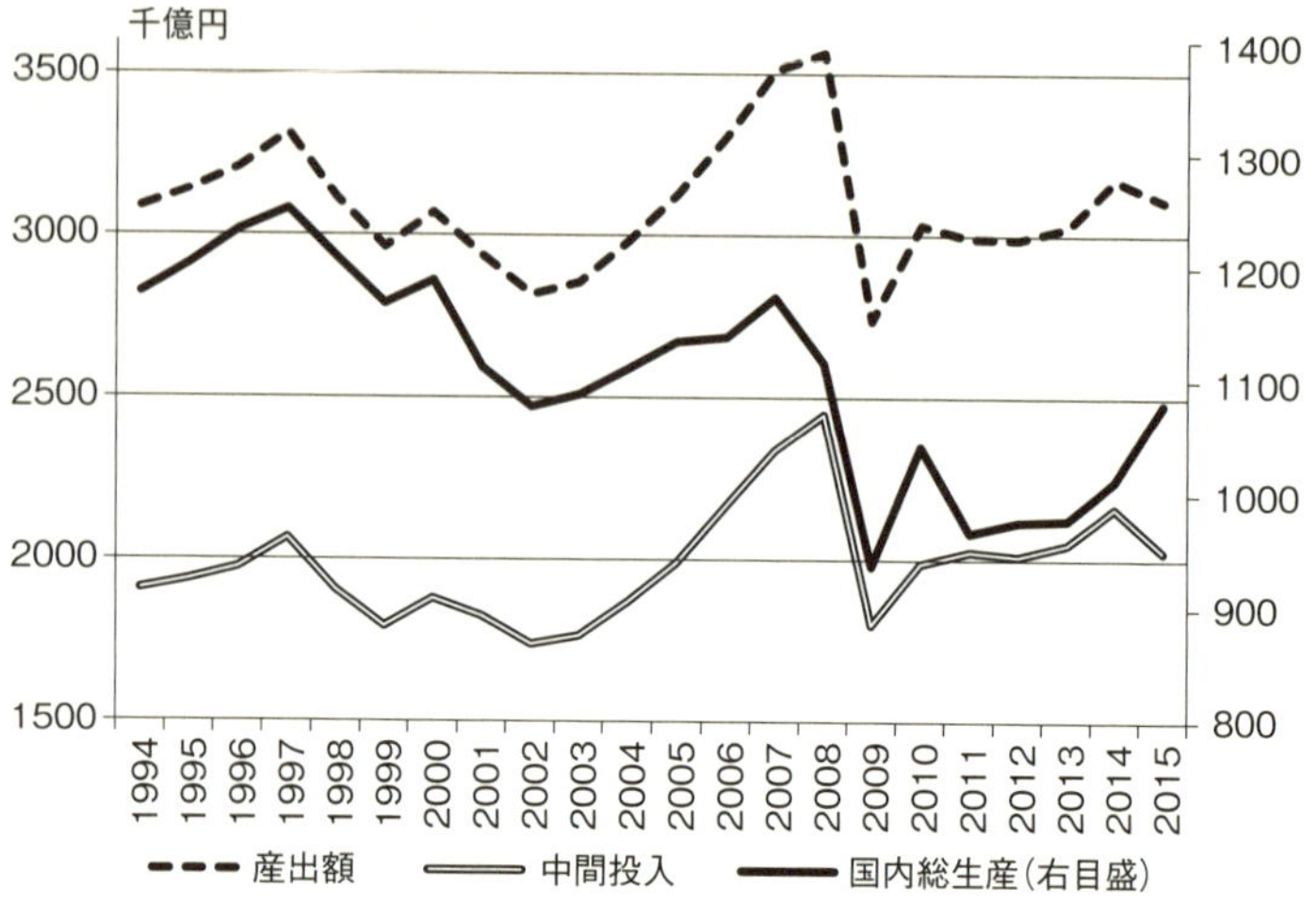

資料出所：内閣府「国民経済計算」

（2）企業部門に偏る付加価値配分

図9は、製造業の国内総生産すなわち付加価値額の推移（太実線）を時系列でみたものである。１９９０年代の後半から減少基調にあったものが、２００２年からの長期回復期に漸増傾向に転じた。その後２００８年のリーマン危機と２０１１年の東日本大震災というふたつのショックによる落ち込みを経て２０１２年以降は再び増加基調に戻っている。とはいえ２０１５年の水準はＩＴバブルの崩壊で経済が低迷した２００２年と同程度の１０８・０兆円に留まっている。

図10は、**図9**でみた製造業の付加価値がどのように配分されてきたかを同じく時系列で示したものである。雇用者報酬は、リーマン・ショック前の数年間に短期の小幅な上昇期が

図10　製造業付加価値分配の推移

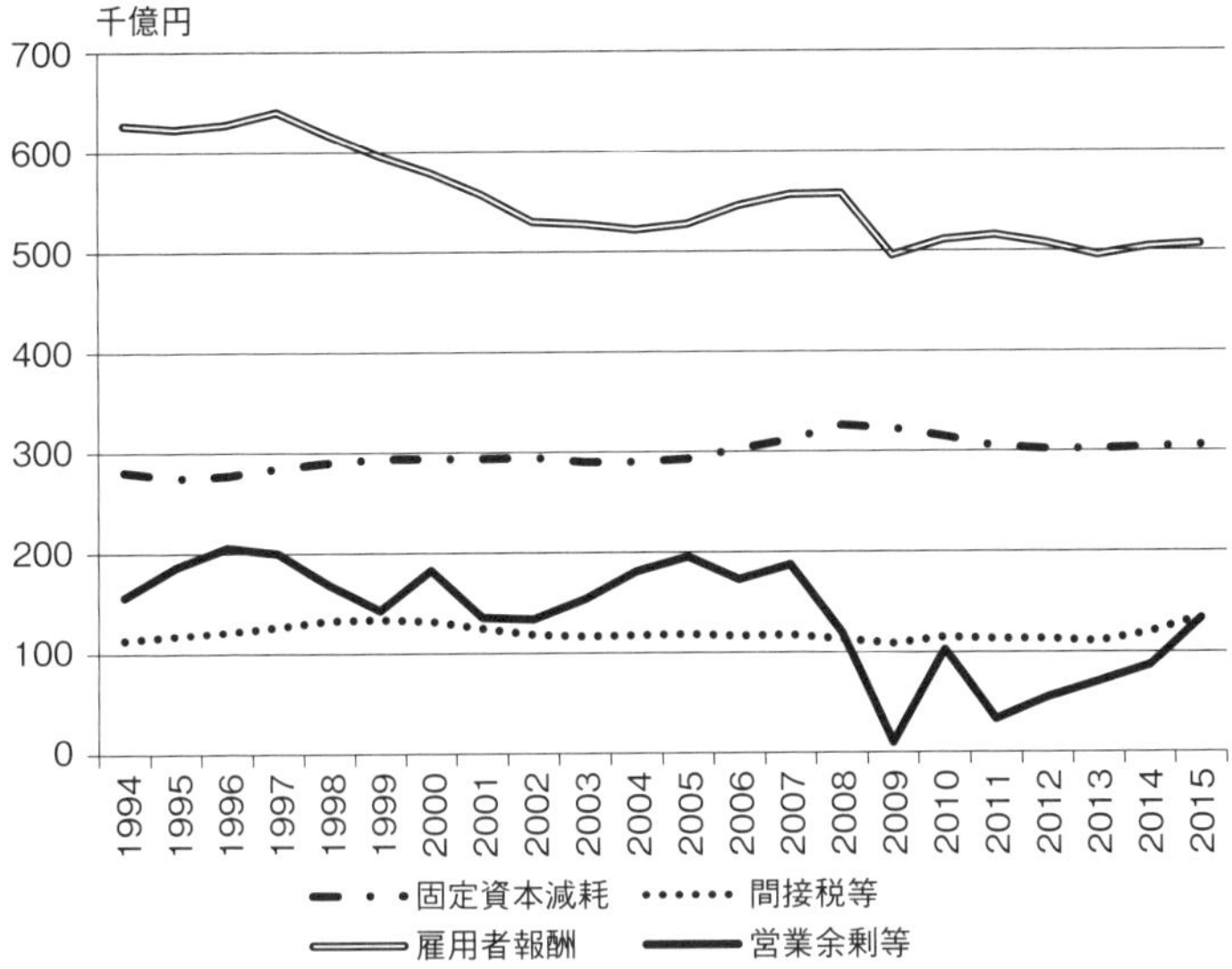

資料出所：内閣府「国民経済計算」

あったものの中期的には低下基調が続いており、過去のピークであった1997年には64・0兆円あったものが直近では50兆円前後なっている。企業の取り分である営業余剰は、1990年代後半以降、15~20兆円の範囲で概ね安定的に推移し、リーマン・ショックと東日本大震災による落ち込みから2012年以降は増加基調に転じて、2015年には13・4兆円と概ね2001年の水準（13・6兆円）まで回復した。一方同じ期間に雇用者報酬は55・7兆円から50・6兆円に減少している。

　2012年以降の景気回復過程に着目すると、2015年までに営業余剰は10兆円あまり増加したのに対し雇用者報酬は反対に1兆円の減少となった。象徴的なのが先に見た2015年の動向である。この年の付加価値額は原油価格の暴落という、いわば棚ボタ効果で前年比6・8兆円増加したのだが、その配分は営業余剰が4・8兆円増加したのに対し雇用者報酬の増加は僅か0・3兆円に留まった。製造業における近年の付加価値配分を考察すれば、企業が営業余剰を安定的に確保しつつ、突発的な危機に際しても雇用者報酬を犠牲にして速やかに利益を回復しうる構造が形成されているといえよう。

なお、**図10**の中央あたりに描かれているのが企業会計では減価償却費にあたる固定資本減耗（一点破線）である。固定資本減耗は民間資本ストックに対応した償却費用であり、営業余剰を大きく上回る30兆円程度が毎年固定的に発生する。ところで民間資本ストック（全産業で1300兆円余り）を実質GDPで除した資本係数は近年2・0を大幅に上回っており世界で最も高水準になっている。資本係数は資本生産性の逆数であるから高い資本係数は資本効率の低さを表している。資本の低生産性は付加価値に占める固定資本減耗の比率を高め営業余剰を圧迫する。結果として雇用者報酬への配分を削減することによってのみ一定水準の営業余剰が確保されるという構造となっているのである。

2　中小企業労働者の賃上げに向けて

(1)　規模別に二極化する製造業の付加価値額

前項では付加価値が企業部門に偏って配分されたことを確認したが、企業部門内における規模別の

図11　製造業の規模別一人当たり付加価値額

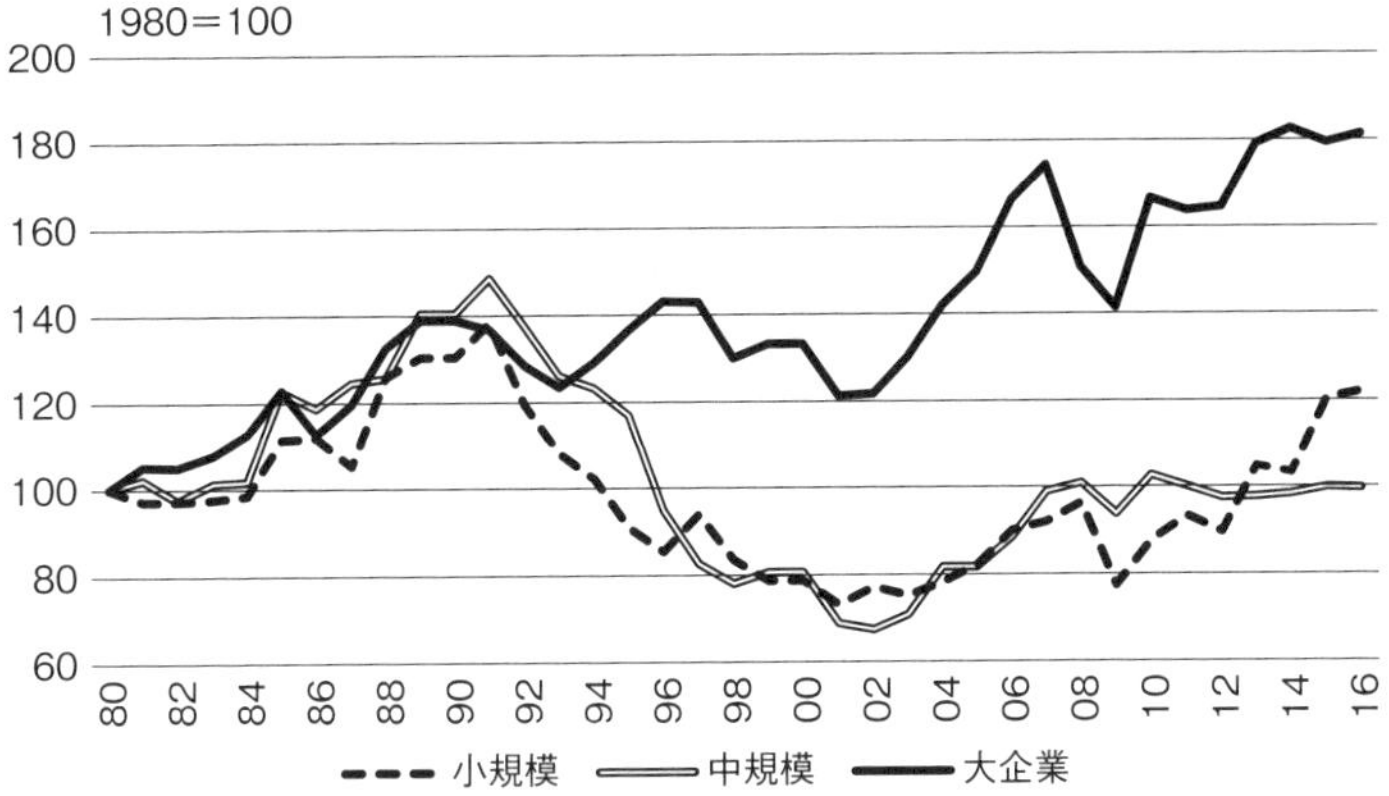

資料出所：中小企業庁「2015年版中小企業白書」原データは財務省「法人企業統計調査年報」

（注）大企業＝資本金10億円以上、中規模企業＝資本金1千万円以上1億円未満、小規模企業＝資本金千万円未満。

配分はどのようであったのか。**図11**は２０１５年版中小企業白書（第2部1章3節）の製造業における「企業規模別に見た1社当たり平均の実質付加価値額」のデータをもとに、直近データを加えて作図したものである。１９８０年代についてみると、中小企業と大企業の付加価値は、もともと水準の差はあるものの、ほぼパラレルな増加基調にあった。問題は１９９０年代の動向である。そこでは小規模企業と中規模企業の付加価値額は急激な落ち込みを示し、概ね横ばい基調をたどった大企業とは対照的な動きとなっている。

２０００年代以降に付いてみると、大企業の付加価値額はリーマン・ショックによる落ち込みを経由しつつ上昇基調に転ずる。小規模・中規模の企業にあっても付加価値額は上昇傾向を示すものの、80年代の水準を回復するにはいたらず、いわば90年代に生じた配分の歪みが構造化して定着する傾向が示されている。いささか戯画的に表現するならば、**図11**は中小企業の生み出した付加価値をどん欲に呑み込もうとする「ワニの口」を描いていることになる。

（2）価格転嫁力の低下が中小企業の付加価値を下押し

製造業における従業員1人当たり付加価値額の規模別二極化はどのようにして生じたのか。2014年版中小企業白書（第1部1章3節）によれば、1990年代の半ば以降、中小企業が原材料や中間財など中間投入品の仕入れ価格を自社製品の販売価格に反映できる度合、すなわち価格転嫁力が一貫して低下している。白書では企業の価格転嫁力の変化を「販売価格要因」と「仕入価格要因」に分解して調査している。中小企業の価格転嫁力は80年代央まで概ね上昇傾向にあったが、90年代後半には仕入価格の低下を上回る販売価格の低下によって、また2000年代半ば以降は仕入価格の上昇に販売価格の上昇が追い付かないことによって低下した。**図12**に示されているとおり、この間大企業の価格転嫁力に大きな変化はなく、価格転嫁力の規模間格差が拡大している。換言すれば、90年代を転期として中小企業の価格転嫁力に構造的変化が生じているのである。なお中小企業庁の分析は特殊なデータ処理を行っているため、2014年以降のデータを手元で更新できないが、**図11**からは90年代に生じた構造変化が継続しているものと推察できる。

90年代は利潤率の低下とその要因が論議を呼んだ時代であり、90年代央を境に労働分配率の低下傾

図12　価格転嫁力の規模間差

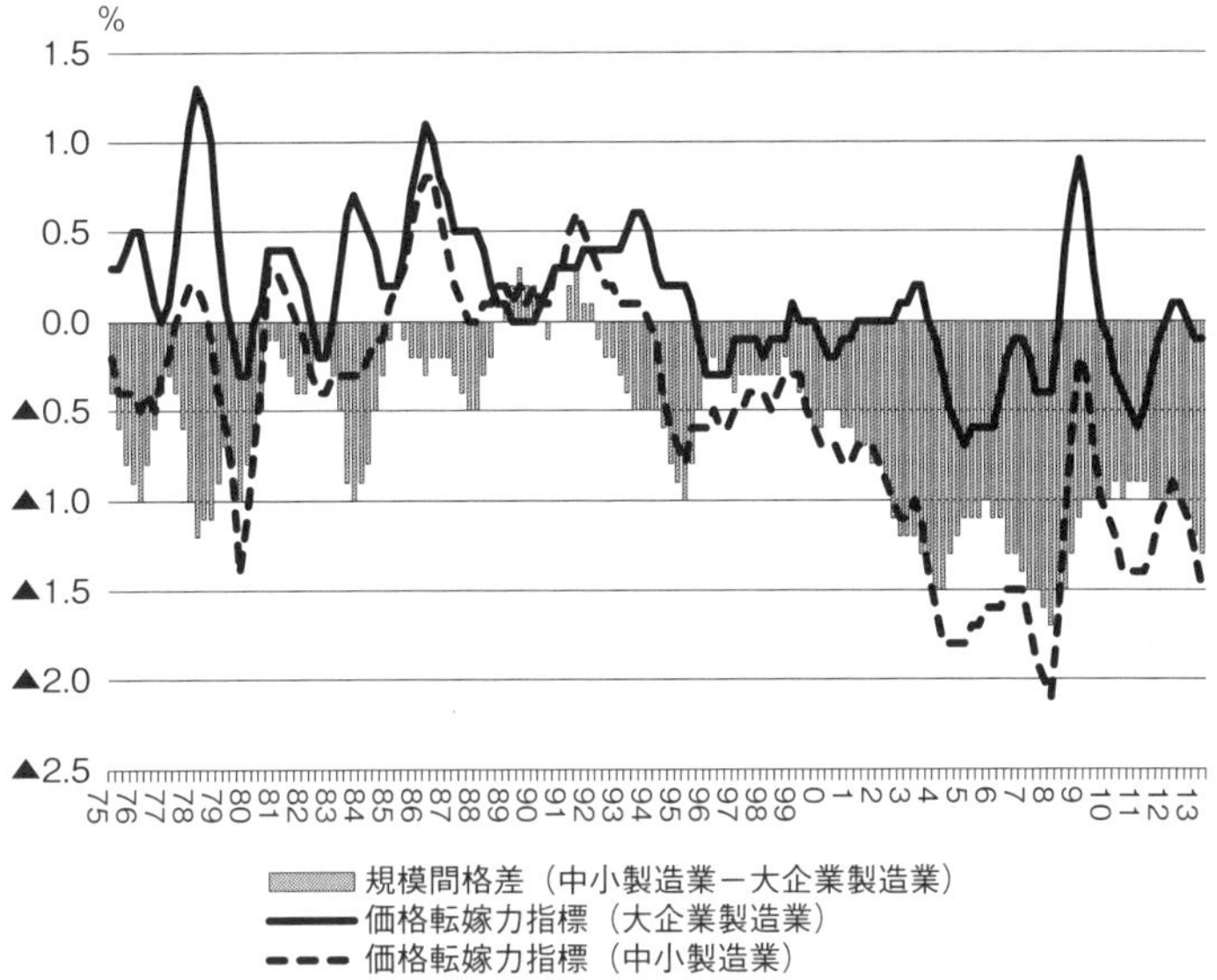

資料出所：中小企業庁「2014年版中小企業白書」

（注）企業規模iに属する企業のt期の価格転嫁力指標上昇率を⊿Pit、売上高をSit、材料費をVit、販売価格上昇率を⊿PSit、仕入価格上昇率を⊿PVitとすれば、⊿Pit=1／（1－Vit／Sit）・（⊿PSit－⊿PVit・Vit／Sit）

向が生じた。その同じ時期に中小企業の価格転嫁力も低下し始めたことに留意すべきである。そして価格転嫁力の低下は中小の企業収益をも圧迫している。白書は収益力の変化を「価格転嫁力の変化」と「実質労働生産性の変化」という二要因に分解している。要約していえば、中小企業は殆どの期間において大企業を上回る実質労働生産性の伸びを記録しているが、90年代を境として価格転嫁力の低下、つまり不公正取引による単価の引き下げが、実質労働生産性の上昇を相殺することで付加価値が大企業に移転してしまい収益力が失われているのである。従って

「価値を認め合う社会へ」「「製品」と「労働」に適正な評価を」というJAMの主張の実現が、中小企業労働者の賃金引き上げの環境を整備することとなる。

(3) 春季生活闘争を再起動

日本は年間500兆円を超える付加価値(名目GDP)を産出しており、これは生まれたばかりの赤ん坊から要介護状態の老人に至るまで1億2000万人余りのすべての国民が、人たるにふさわしい生活を送るための必要経費をまかなって余りある規模といえる。それにもかかわらず、毎年福祉の水準が切り下げられ、格差と貧困が蔓延してゆくのはひとえに分配の歪みによるものである。

本章では、マクロベースでみると生産性向上分が賃上げにも時短にも配分されていない実態を確認した。その背景には非正規労働者比率の上昇があり、それは同時に『90年代の賃金』が指摘していた労働組合の交渉力低下を一層促進したものと考えられる。また、製造業では付加価値の配分が企業部門に偏っていることを示してきた。企業部門の中で特に中小企業(製造業)に着目すると、取引価格の頭を押さえられていることで、大企業のように付加価値を拡大できていないことも明らかになった。賃金の増加を軸とした経済の好循環を阻害されているのは、高い生産性を有し、日本経済の基盤を支えている中小製造業が生み出した付加価値の相当大きな部分が大企業に移転してしまい、中小企業の収益力を圧迫して、結果的に中小企業労働者の賃金水準を押し下げていることも一因となっている。

日本経済は付加価値の配分という観点からは明らかに動脈硬化症を起こしている。このようなときに量的緩和というマネーの大量輸血を行う療法は、分配の歪みを改善しないばかりか血管の弱い部分にバブルを発生させ、それが破裂すれば致命傷ともなりかねない。対症療法を超えた抜本的な対策が求められているのであり、非正規労働者の正規化や均等待遇の実現、サプライチェーン内部で生み出された付加価値の適正な配分に向けた公正取引の確立、つまり血液をさらさらにして付加価値の循環を円滑にすることが必要である。その上に立って賃金にも公正な配分が行われるように産業別統一闘争に基づく労使交渉を軸に春季生活闘争を再起動させることで、いわば柔軟な血管を再生してゆくことが労働組合の緊要な課題となっている。

3　危機に立つ春闘

連合が2019年春季生活闘争「基本構想」に、賃上げの要求方法を平均要求の上げ幅から個別賃金の水準額に転換する必要性を盛り込んだことが波紋を呼んでいる。10月3日の朝日新聞の報道に対して、連合は「事実を歪曲し誤解を招く記事であることに対し、強く抗議する」との見解を公表したが、10月11日には日本経済新聞がほぼ同じ内容の記事を掲載した。

「基本構想」は「現存する課題と変化への対応力に磨きをかけていくため、賃金決定メカニズムとしての「春闘」の形を再構築していく」として、その中核に水準要求方針への転換を位置づけている。再構築でめざすのは「中小組合や非正規労働者の賃金の「底上げ・底支え」「格差是正」の取り組みの実効性を高める」こととしている。このこと自体は道理に適った提起であり、元来個別賃金方式による水準を重視した要求作りは、中小企業における賃金の低下や大企業との格差拡大に歯止めをかけるために、中小産別では賃金制度の確立を軸に単組を指導してきた経過もある。

しかしこうした連合の春闘再構築方針を額面通りには受け取り難い事情もある。「基本構想」論議の直接の発端は、昨春闘におけるトヨタ労使のベア額非開示問題があったと思われる。昨年の集中回答日段階でトヨタ首脳は「春季交渉は個社の経営課題を話し合う場で、トヨタがベアでリードする時代じゃない」と語ったとされる。これは統一要求・統一交渉の春闘方式への牽制であり、トヨタに限らず多くの大手経営者に共有され、毎年の「経労委報告」でも繰り返し「横並び要求の矛盾」が主張されている。トヨタは今春闘以降もベア非公表を継続する構えで、自社中心主義というより、いわばカウンター春闘の旗振りに徹するつもりのようだ。

ここ数年の春闘方針で連合は「大手追従・大手準拠などの構造を転換する運動」を掲げてきたが、実は連合春闘自体がトヨタの回答に追従・準拠してきた構造が、期せずして露見した形である。「大手追従・大手準拠などの構造を転換する運動」という闘争方針は、労働四団体時代に金属機械や軸受労協などの産別ないしは業種共闘において、「JC低額相場突破」「自分たちの賃金は自分たちで決める」を合言葉に、金属労協の集中回答指定日前に回答を引き出す運動として展開されていたもので、大手相場の束縛を乗り越えるために中小産別が提唱していた戦術である。つまり大手のパターンセッターがまともな相場形成能力を発揮していれば、本来必要のない戦術である。それを大手企業連が中枢をなす連合本体が言い出すということは、大手労組が春闘相場形成の戦線から離脱するための露払い的な、裏の意味があるとみなければいけない。

２０１９春闘では一部大手企業から、トヨタに追随する動きが出ることも予測される。戦略の練り直しを迫られた連合は対応に苦慮しているようでもあるが、上記の事情を勘案すると、戦線離脱を本意とする大手企業連にとっては、トヨタ労使のベア非公表は渡りに船という一面もあろう。個別賃金方針は、上記のように賃金体系が整備されていない中小企業における賃金制度確立が前進の鍵となるのだが、すでに賃金体系が整っている大手労組の場合、実質的には個別賃金の取り組みが行われているので、いまさら連合方針の転換に伴って新たに開始することなど（賃金実態の開示を除けば）何もないのである。連合は「上げ幅ばかり注目されるのはいかがなものか。いかに賃金の水準を目立たせていくかだ」とし、そのために「基本構想」には具体的なベアの数字を記載しないこととしたと説明する。しかし本音のところは、ベアの非開示を含めた大手労組の戦線離脱から注目を逸らし、批判をかわしてゆきたいのだろうとみなしても、あながち穿ち過ぎとは言えないのではないか。

連合は、これまでの春闘が十分な成果を上げ得なかったことへの反省もないまま、やってるふりだけの個別賃金要求に逃げ込むつもりだろうか。絶対水準重視の個別賃金要求への転換自体は「あるべき方向」と言えるが、転換の動機が不純ではないか。大手労組の賃金実態も開示できない状況で、どんな闘争ができるというのか。これが連合発足以来の春闘を産別本部において経験してきた老兵の偽らざる危惧である。

冒頭で紹介した日経の記事は「ただベアから実額要求に切り替えても、中小企業全体で統一的な要求を掲げる構図は変わらなさそうだ。企業の競争環境や収益構造は多様化しており、労働者の賃金水準に影響を与える要因も一様ではない。こうした中で横並びで要求を掲げる矛盾は残りそうだ」との文章で締め括られている。この裏を返せば、大手がベア要求（回答）を転換し、横並びの闘争から離脱することについては「矛盾」の解消（即ち統一闘争としての春闘の解体）に向けた一歩前進だと、「大手に配慮」した基本構想を評価し、エールを送っているのである。春闘の行く末を心配して概ね正確な朝日の記事に「事実に反する内容がある」と抗議した連合が、この徹頭徹尾日本経団連の観点に立った日経の記事に抗議しないということは、送られたエールを容認していると思われても仕方ない。まさに春闘の歴史的危機なのである。

4　春闘連敗に終止符を打て——「高プロ」導入で新段階に突入した労働時間短縮闘争

太田薫が『春闘の終焉』を書いたのは1975年のことだ。このなかで太田は「全体的にみるならば、75年春闘はガイドラインでおさえられたといえるし、その意味で春闘方式とよばれてきたスケジュール闘争の挫折、終焉といってもいいすぎではないだろう」と述べている。ここで太田がスケジュール闘争と言っているのは、小島健司（元総評調査部長）が1955年から1974年に至る各年の春闘を振り返り、その到達点や限界性を踏まえて著した『春闘の歴史』（1975年）において詳述したところの、単組や産別を超えて全国・全産業一斉に春の同時期に賃金に主軸をおいた対経営闘争を組織するという「日本の労働運動がつくりだした賃金闘争の独特のタイプ」のことである。太田はスケジュール闘争が挫折せざるをえなかった経過について、「こんどのスタグフレーションは、この20年間の間にあった不況とはちがって、循環的な景気循環論では片づかないものである」「いままで資本のいい分を少しでも破って、たたかっていた春闘は、スタグフレーションの下ではその甘っちょろいたたかい方は通用しなかった」と分析している。このように春闘を総括するにあたって、労働組合による運動論的観点からの検討は主要な柱のひとつではあるが、それのみでは物事の一面でしかない。春闘の全体像を捉えるためには、構造的な転換を含む経済情勢の変化や、それに対応した資本の戦略をも視野に入れた分析を避けて通るわけにはいかない。本稿では、太田の慧眼があぶりだした経済構造の転換に着目し、終焉が告知された春闘の歴史を経済的側面から振り返りながら、今日の賃金、労働時間をはじめとした労働諸条件に関わる、労使の力関係を反映した経営側の攻勢的戦略を解明する。

(1) 春闘44連敗

春闘の意義は賃金・労働条件の引き上げをめぐる労使交渉を、同時期に全国的な規模で展開することで労働運動に一画期をなしたということにとどまるものではない。春闘交渉をめぐる広義の政労使合意の枠組みを形成することで、春闘結果の全労働者に対する波及の回路を形成し、労働へのマクロ分配の水準を担保してきた歴史的経過を総括する必要がある。1970年代後半以降、マスコミは春闘の賃上げ率が一桁台にとどまったことをもって春闘連敗と報じ続けたが、春闘結果は、そのときどきの労使の力関係や労働組合の交渉力にも依存する。そこで春闘の背景をなした経済情勢の推移、とりわけ資本と労働へのマクロ分配の推移を分析することで連敗の前史と経過を振り返ってみよう。

① 例外としての高度成長期

戦後高度成長期以降の、わが国における名目雇用者報酬と名目GDPの動向をみると、経済白書において「もはや戦後ではない」と記述された1955年からニクソンショック（金・ドル交換停止）直前の1970年（以下年度表示はいずれも4月～3月の会計年度である）にかけては、緩やかな労働分配率（分母に固定資本減耗を含む生産概念で考えた労働分配率＝1人当たり名目雇用者報酬／就業者一人当たり名目GDP。以下同）の上昇傾向を含みながら、概ねパラレルに推移した。

この時期には1955年の8単産共闘発足を機に春闘がスタートし、着実な賃金引き上げが恒例化し、1960年代以降は10％台の賃上げが定着した。1964年には所得倍増計画を掲げる政府と総評の間で池田（首相）・太田（議長）会談が持たれ、民間賃上げが公労委調停を通して公共企業体に適用されることとなり、これが民間準拠の人事院勧告にもつながっていった。こうした賃金上昇は中小・未組織労働者にも部分的に波及した。高度経済成長の成果が広く勤労国民全体に配分されることで、国民生活が向上し、分厚い中間層が形成され始めるのもこの時代のことである。この間は勤労者所得の向上が経済成長を上回る趨勢で続いていたことになる。しかしながら、これは日本資本主義の発展段階における例外的な事態でしかなかったことが、その後の経験から明らかとなる。

② 資本を震撼させたオイルショック

変動相場制への移行や二度にわたるオイルショックを経験した１９７０年代は、名目雇用者報酬の伸び率が名目ＧＤＰのそれを大きく上回り、特に第４次中東戦争を発端とした第１次オイルショック前後の１９７３・１９７４年には30％近い上昇がみられた。１９７０年代後半には、イラン革命を契機とした１９７９年の第２次オイルショックなどもあったが、１９７５年から１９８０年についての名目雇用者報酬の伸び率は、僅かではあるが名目ＧＤＰのそれを下回っている。１９７０年代後半には、前半に「上方シフト」した労働分配率が、そのままの割合で定着したといえる。

１９７０年代に入って以降も春闘体制は維持されており、オイルショック後の狂乱物価を背景にした１９７４春闘賃上げ率は32・９％に達した。74春闘に関しては前掲の太田や小島の著書において、スケジュール闘争の限界や上滑りする「国民春闘」に対して運動論的観点から批判的な総括がされている。とはいえ敗戦後はじめてマイナス成長となった１９７４年の経済情勢激変が日本の経済界に深刻な事態として受け止められたことは間違いない。１９７４年は毎月勤労統計をみても現金給与総額は前年比29・１％、実質賃金は同６・２％の上昇となった。この結果、労働分配率は１９７０年の44・１％から１９７４年には53・２％まで上昇し、労働分配率が10％ポイント近く上方にシフトする構造変化がみられた。これは原油価格の高騰などから交易条件が悪化し、その結果として海外に流出することとなった実質所得を企業部門が負担したことの影響が大きい。この「過剰負担」は企業にとって絶対に受け入れることのできないものであり、危機感を深めた日経連は、1975年春闘では生産性基準原理を「鉄の意思」をもって厳密に適用し、賃金引き上げを15％以下に抑えるガイドラインを設定した。一方労働側でも、従来の前年実績プラスアルファという春闘要求基準を見直し、実質賃金の確保に重点を置いた経済整合性論が台頭した。この結果1975年春闘の賃上げ率は、ガイドライン以下の13・1％に止どまり、1976年以降は1桁台の春闘が継続することとなる。生産性基準原理の1975年以降の春闘への適用は、日本型所得政策の本格化と位置づけることができ、文字通り春闘の転機となった。

③ 等閑に付された〝逆〟生産性基準原理

名目雇用者報酬と名目GDPの伸び率は、1970年代後半から概ね等しい値で推移してきた。GDPと雇用者報酬の伸び率がほぼ一定で安定した推移を示した時期は、1970年代後半からの1990年代前半まで継続した。この時期は1985年のプラザ合意後の円高不況、その後の低金利政策や財テクブームによるバブル景気とその崩壊など大きな経済変動に見舞われたものの、労働分配率は1975年水準（55％前後）で大きな変化はなかった。

1980年代以降も1970年代後半に確立された生産性基準原理に基づく賃金決定枠組みが継続

された。生産性基準原理は名目賃金の上昇率を実質GDP（正確には一人当たり）成長率以下に抑えるという賃金抑制政策だが、実際に1974年には29・6％あった両者の差が、1975年以降はスタグフレーション下の雇用情勢悪化もあって一桁台に落ち、1982年以降はマイナス圏（名目賃金上昇率が実質GDP成長率を下回る）にまでなった。同期間の実質賃金上昇率は年平均で2％未満に抑え込まれた。こうした情勢下、同盟の賃金政策ブレーンであった佐々木孝男は、1984年に「実質賃金上昇率を実質生産性上昇率と等しくする」という逆生産性基準原理による大幅賃上げの実施を提唱した。その後1989年に労働戦線が再編されて、日本労働組合総連合会（連合）が結成されたが、連合傘下の大手産別は佐々木理論とは似て非なる経済整合性論に立った春闘要求方式を継続したため、マクロの分配構造が大きく変化せず、実質賃金上昇率は一貫してGDP成長率を下回り続けた。

④ 下がり始めた労働分配率

1994年以降、労働分配率は明らかな低下傾向を示しはじめた。それと並行して従来のマクロ分配ではみられなかった劇的変化も生じていた。第1に、右肩上がりの経済成長率が1997年をピークに弱含み横ばい圏に変わった後、リーマンショックで大幅に落ち込んだ以降も、低下した水準からの回復が遅々として進んでいない。バブル崩壊後の失われた時代の開始である。第2に、雇用者報酬の伸びが名目GDPの伸びを継続して下回る過程で、2003年および2004年にはGDPが伸びているのに雇用者報酬は減少する、つまり負の相関が生じるという前代未聞の事態まで起きた。第3

に、両者の乖離幅は戦後最長となったいざなみ景気の過程（2002年2月から2009年3月までの86ヵ月間）で最も大きくなっている。これらの事象は生産性向上の成果が賃金にはまったく反映されなくなったことを意味する。

75年以降、生産性基準原理の厳格な適用という所得政策で徹底した賃金の抑制が続けられたが、90年代半ば以降の労働分配率低下は、最早それだけでは間に合わなくなった資本による一層の収奪強化が開始されたとみるべきであろう。佐々木の提唱した逆生産基準原理では実質賃金上昇率と実質GDP成長率が等しくなるべきとされているが、1975年から今日に至る各年の実績は平均して概ね2ポイントのマイナスであり、2018年も精彩を欠いて終わった春闘は44連敗を喫したことになる。

(2) 春闘の歴史的総括

日本経済は、経済成長率が概ね横ばいとなるような「成熟化」によって、実質的には定常状態に入っている。企業はそうした環境変化の下でも、投資が投資を呼ぶといわれた高度成長期と同様に増益基調で配当を継続すべき宿命を負っている。経済の定常化は個々の企業にとっては売上高の停滞であり、その下でも利益を拡大するには人件費などの固定費を抑制して損益分岐点を下げるか、さもなければ営業利益の不振を補完するべく、規制緩和された金融分野の収益を拡大して行くほかない。それがもたらした結果は本稿で述べてきたとおりだが、このことは財務省の経済財政白書（2012年）も、「実質賃金と労働生産性の相関は2000年代に入って消失した」と、いささか婉曲な表現で是認しているところである。端的に表現すれば、資本主義と生活向上が併存できた「福祉国家」の時代が終焉したのである。

① 資本主義市場経済の構造変化

1970年代以降民間の高い貯蓄率に対して設備投資が不足する慢性的貯蓄超過体質となっているため、常に総需要の不足によるデフレに陥る潜在的可能性を内包してきた。そうした中における重要な変化として1998年あたりを境に、貯蓄超過の中心が家計部門から企業部門や金融機関に移行し、その貯蓄超過を政府部門の投資＝赤字および経常黒字が補完するという構造変化が生じていることがある。国民経済のオーソドックスなあり方としては、貯蓄超過である家計部門の余剰資金を資金不足の企業部門が借入れて設備投資を行い、それを仲介するのが金融機関という姿が想定される。90年代後半以降、企業部門は資金不足を脱して潤沢なキャッシュフローを持つに至ったが、一向に設備投資は増加していない。いまや実体経済の中で良好な投資機会は失われたようにみえる。それはなぜか。

1980年代以降、企業が生産に使用するために保有している建物や設備の総計を示す民間企業資本ストックは着実に積み上がる一方、実質GDPは1990年代以降概ね横ばい圏で推移しており、資本係数（民間資本ストック／実質GDP＝1単位の生産・所得を産出するのに必要な資本ストックの量）は1980年の1・33から2012年には2・40と大幅に上昇している。これは膨大な資本ストックの稼働率が低下していることを意味する。資本係数の逆数は資本生産性であり、利潤率（1単位の投資から得られる利益の比率）と同様の概念なので平均利潤率の傾向的な低下が顕著になっている。

こうした実態はフローでみた国内投資にも反映しており、企業の減価償却に当たる固定資本減耗は、過去に積み上げた膨大な資本ストックを背景に増加基調を継続している一方、総固定資本形成は、企業の投資意欲減退により長期的に低迷している。その結果、総固定資本形成から固定資本減耗を控除して得られる純固定資本形成はバブル崩壊後急速に縮小し、リーマンショックを経た２００９年以降は一旦マイナスに転じてしまった。純固定資本形成の増加は国民経済全体の生産力上昇を意味し、経済成長のバロメーターのようなものだ。これがマイナスに転じたということは、国内における既存の生産能力を確保するための設備を維持できなくなったことを意味している。

社会を経済の好循環により安定的に持続させるシステムとしての資本主義は、完全に機能不全を起こしている。投資からのリターン（資本生産性）が低下した下で、なお利潤率を維持・拡大しようとすれば、パイの斬り方を変えて労働分配率を引き下げる（労働側の取り分を奪い取る）しかないことは見やすい道理である。春闘の歴史的総括とは、経営側の頑なな交渉態度を必然化させている、資本主義市場経済の今日的到達点を正面から見据えることにほかならない。

②　労働分配率低下の諸経路

労働分配率低下の根因は①に記載した資本主義の危機の深化にほかならないが、労働から資本への所得の移転（収奪）はいくつかの経路をたどる。大別すれば税・財政や金融市場の規制緩和（金融化）による逆トリクルダウンともいうべき、家計から企業への所得移転および労働市場の規制緩和（非正規・低賃金雇用の拡大）による直接的な移転に分類される。

（ⅰ）　株式会社の商品化

大企業救済目的の税財政は非常に分かりやすい。法人税率の引き下げや租税特別措置などの優遇税制で企業負担は大幅に軽減（利益を保証）されてきた。もともと歳入は過少なので、社会保障費の削減で歳出を抑え、なお不足する税収は国債の発行と消費税増税など家計部門の負担増で賄われる。しかも国債を引き受ける債権者は、主として金融機関を介した企業部門である。「企業の税金を負けてやり、その企業から借金して利息まで払い、溜まったツケはすべて家計に回す」。これが究極の企業援護スキームのからくりである。

こうした庇護の下で、近年の企業経営の姿勢は、主として海外の機関投資家などからなる「物言う株主」の意向を忖度しながら、利益の株主還元のみを極端に優遇するものとなっている。経済産業省も「伊藤レポート」（2014年）でROE（自己資本利益率）8％にコミットすべきと提唱するなどして資本蓄積を後押ししている。ROE向上の手段は様々あるが、分母の自己資本を自社株買いで縮小するのもそのひとつ。これは株価上昇につながる株主優遇策である。もとより本筋は分子の利益拡大だが、その中心は合併やM＆Aによる独占・寡占体制の復活である。経済民主主義に反する市場集中度の高まりは独占利潤を生む一方で企業統合過程での人員削減などにより労働分配率を引き下げる。また、著増する内部留保の主内容はM&Aで取得した外国株式など有価証券で占められている。これが意味するのは、土地や貨幣から労働に至るまで、あらゆるものを商品化してきた資本主義は、ついに資本の自己増殖における基幹エンジンたる株式会社までも市場商品化してしまう自家撞着に逢着したということだ。

（ⅱ）　21世紀の産業予備軍

旧日経連が1995年に提唱した雇用のポートフォリオは究極の総額人件費抑制策であった。それは非正規労働者への常用代替と限定正社員などの低賃金層の形成による正社員の二極化を促進した。厚生労働省の「労働経済の分析（労働経済白書）」（2007年）は非正規雇用割合の上昇は、近年の労働分配率低下をほとんど説明できる大きさであるとしている。今日ではクラウドワーカーのような非雇用就労も拡大しており、こうした産業予備軍的労働者層の拡大が労働組合の交渉力を弱体化させていることは疑い得ない。現在、統計上は労働力需給が逼迫しているようにみえるのも、低賃金・短時間労働の不安定な雇用機会が大量に創出された結果であり、マンアワーでみた労働投入はほとんど増えていないため、正社員を含む雇用労働者全体の賃金上昇への圧力とはなりえていないのである。

昨今、グローバル化が底辺への競争をもたらし、デジタル化が雇用の二極化を促進しているともいわれるが、これらが雇用の劣化をもたらすのは必然的なことではなく、労使の力関係を反映した攻勢的な経営戦略の結果であることをみておかねばならない。グローバル化には公正労働基準の国際化を対置し、デジタル化による効率上昇は時短に配分するといった労働組合の対抗戦略が問われている。

(3)「高プロ」導入と労働時間をめぐる攻防

前記の産業予備軍的労働者層は現行労働者保護法の適用も難しく、労働基本権の行使もままならない。彼ら/彼女らは、英国の産業革命期、すなわち資本の原始的蓄積過程において「囲い込み運動」で農地を追われて都市部に流入した農民のような劣悪な働き方を強いられている。時あたかも、今国会では「働き方改革」関連法案が強行採決された。もとより労働者保護の充実を企図した立法ではなく、階猛議員らの表現を借りれば「働き過多」を蔓延させる内容である。

一連の法案における最大の焦点は「高度プロフェッショナル」職種の労働時間規制適用除外である。経営側にしてみれば時間管理をなくして賃金との連動を外すことはまさに垂涎の制度に違いない。この制度は、いわゆる管理監督者と異なって、上司の指揮命令下で出退勤時間などに裁量権を持たない一般労働者を労基法4条関係の労働時間規制から除外することのみを定めることで、正社員をも労働者保護法の埒外に置く労務政策に道を開くものである。日本労働弁護団は「働き方改革関連法案の採決強行に対する抗議声明」において、「高プロ制度を導入する企業があるならば、当該企業は『ブラック企業』の烙印を押され、社会的な批判・非難の対象となることを免れ得ない」としているが、労働組合のある職場では「高プロ」を導入させないことは当然として、労組、弁護団、市民団体が連携して、「高プロ」導入企業の摘発・糾弾・不買などの運動を組織すべきだ。

「高プロ」の導入は、派遣法がそうであったように脱法状態の法的追認としての立法化であり、一旦導入されれば派遣法が職安法を有名無実化させていったように、労働基準法による労働時間規制を換骨奪胎してゆくものとして捉える必要がある。労働時間とは、資本主義市場経済に固有の賃労働と資本の関係に規定された使用従属関係の下で、人間としての労働者に近代憲法に基づいて保障された自由権が、使用者の指揮命令権の行使により制限される例外的時間帯である。マルクスは賃労働を必要労働と剰余労働に分解し、必要労働時間は労働者家族の生活費を満たす賃金に充てられ、剰余労働時間は利潤の源泉になるとした。経済成長があれば労働者家族の「必需品」もタケノコ生活から三種の神器、さらに3Cへと充実してゆき、生産性の向上による相対的剰余価値の拡大は剰余労働時間を短縮してさえ資本の自己増殖を可能にしてきた。小峰隆夫のいうように「経済成長は七難を隠す」のである。しかし成長が止まれば、資本主義に内在する七難、八難が次々に露呈してくる。労働時間規制の及ばない多数の労働者層の出現は、剰余労働時間の延長による絶対的剰余価値の拡大を目論むものと解すべきだ。一般に労働時間に関する協約は、賃金のようにインフレで影響を相殺するといった調整のきかない非妥協的な協約である。従って交渉力のない組合は時短を進めることなどできない。時短闘争の究極的な意義は、賃労働という束縛された例外的時間を極力小さくしてゆくことであり、今日的には労働生活全般に対する労働者による時間主権の確立への挑戦として取り組まれているところである。

しかし昨今の連合春闘要求をみると時短には重点が置かれていないようだ。最初のメーデーの要求が8時間労働制であり、今年のドイツIGメタルの産別交渉における最重点課題が週28時間制（育児・介護時）の導入であったように、労働時間を巡る攻防は労使交渉における最重要課題である。労働時間短縮の旗を高く掲げて真の働き方改革を主導することができなければ、連合運動はここでも存在意義を失うことになるであろう。

先にみた新たな産業予備軍の形成は、単に労働組合の交渉力を衰退させるばかりでなく、彼ら／彼女らを組織化し、その要求を担った運動を展開しない限り、労働組合組織自体を弱体化し解体に向かわせることにもなろう。日本においてはユニオンショップ制度で組合加入が強制され、チェックオフ協定で組合費が自動的に徴収されるため、単組組織が形式的には維持されることで産業別組織への上納会費も担保されている。組合員数の減少が財政上の問題を惹起することはあっても、組織の存亡にかかわる運動実態への危機意識は希薄となりがちだ。単組がそうした状況では、産業別労働運動も内実を伴わない形骸化した取り組みとならざるをえない。しかし危機の時代にあって労働運動が立ち遅れることなく取り組まねばならない課題は、情勢そのものによって突き付けられている。昔は良かったとぼやきながら現状を容認する「懐旧逃走」的思考を排して、ポスト資本主義に向けた「働くことを軸とする安心社会」を本気で目指す労働運動の構築が求められる。

（「2018春季生活闘争をめぐる情勢と中長期的な課題……なぜ賃金は上がらないのか」月刊JAM205号（2017年12月）所収、「危機に立つ春闘」労運研レポート53号（2018年11月）所収、「春闘連敗に終止符を打て─「高プロ」導入で新段階に突入した労働時間短縮闘争」デジタル版『現代の理論』16号（2018年8月1日）所収）

第6章

ポスト資本主義の働き方

1　働き方改革批判

ポスト資本主義の働き方とは、端的にいって賃労働と資本の関係それ自体を止揚することにほかならない。その検討に入る前に、2018年6月29日に参議院本会議で強行採決され成立した、働き方改革関連法案の作成に至る経過、背景にある経済界の狙い、そして働く者にとっての問題点を、労働時間規制の緩和に焦点を当てて整理しておこう。なお、働き方改革に関しては今回の法改正に留まらず、労働基準法の規制が及ばない雇用類似の働き方（非雇用就労）の増加や正社員における副業の拡大など、労働時間規制の潜脱につながる就労形態の拡散にも留意すべきことを付言しておく。

（1）労働時間規制の緩和に狙いを定めた経済界

安倍首相は今回の「働き方改革」について、長時間労働の抑制や同一労働同一賃金を実現するもので、「戦後の労働基準法制定以来70年ぶりの大改革」と鳴り物入りで喧伝しているが、「働き方改革」の真の狙いは、企画業務型裁量労働制の対象範囲の拡大や高度プロフェッショナル制の導入による労働時間規制の大幅緩和である。一連の「働き方改革」法は、2015年に提出された高度プロフェッショナル制度の導入や企画型裁量労働制の適用対象の拡大を盛り込んだ労働基準法改正案に、残業時間の上限規制や同一労働同一賃金などを新たに抱き合わせる形で2018年4月に国会提出された。

労働組合などの抵抗が強く、実質審議に入れなかった2015年法案に、従来労働側が主張していた長時間労働の抑制や異なった雇用形態間の均等・均衡待遇の要素を取り入れて、労働時間法制に対する大幅規制緩和の強行突破を図ったものといえる。

この手法も姑息極まりないものだが、ここで特筆すべきは法案策定に至る過程の異常さである。2015年法案に盛り込まれた労働時間の規制緩和政策は、安倍首相が2014年4月に開かれた経済財政諮問会議・産業競争力会議合同会議で指示を出したもので、その底本として産業競争力会議の雇用・人材分科会の主査を務めた長谷川閑史（経済同友会代表幹事）氏が作成した「個人と企業の持続的成長のための働き方改革」があった。産業競争力会議のメンバー構成をみると、民間議員が学者と財界代表ばかりで、あるべき働き方についての論議をする場にも関わらず、労働側の代表が含まれないことは、財界の意向に沿った結論を導こうとする会議の性格を如実に示すものである。しかしさらに重大なのは、安倍首相を議長に財務、経産、総務、文科、厚労など主要閣僚および官房長官がメンバーとなっているため、この会議の確認事項は事実上の閣議決定に等しいということである。事実上の閣議決定事項を労働政策審議会におろして追認を迫るという法案策定手続きの異常さは、もっと認識されてしかるべきであろう。

(2) 高プロの危険性と裁量労働制拡大の懸念

一連の法案における最大の焦点は「高度プロフェッショナル」職種の労働時間規制適用除外である。

経営側にしてみれば時間管理をなくして賃金との連動を外すことはまさに垂涎の制度に違いない。この制度は、いわゆる管理監督者と異なって、上司の指揮命令下で出退勤時間などに裁量権を持たない一般労働者を労基法4条関係の労働時間規制から除外することのみを定めることで、正社員をも労働者保護法の埒外に置く労務政策に道を開くものである。高プロの導入は、派遣法がそうであったように脱法状態の法的追認としての立法化であり、一旦導入されれば派遣法が職安法を有名無実化させていったように、労働基準法による労働時間規制を徐々に換骨奪胎してゆくものとして捉える必要がある。

今回の法案審議過程で裁量労働制の拡大については、安倍首相が国会答弁の根拠としたデータが、法政大学の上西教授らの指摘により、統計上当然に排除すべき異常値を含んでいる上に、明らかに異なった前提で集計された数値同士を比較するという、あまりに杜撰なものであったことが明らかにされた。労働政策審議会で法案要綱を審議した時点では、一般労働者よりも裁量制適用労働者の労働時間の方が長いとするＪＩＬＰＴ（日本労働政策研究・研修機構）の報告書が公刊されていたにも関わらず、あえて統計的信頼性を欠いたデータを持ち出したことに対する批判が高まり、首相は答弁を撤回し、裁量労働制の拡大に関する項目を法案から削除せざるを得ない事態に追い込まれた。

しかし裁量労働制拡大に対する政府・経済界の執念は凄まじく、企画業務型裁量労働制を拡大する法改正に向けて、「裁量労働制実態調査に関する専門家検討会」を立ち上げ、すでに２０１８年９月20日に第1回の会合が開催されている。同検討会には前記のＪＩＬＰＴ報告書も資料として提出されているが、労働側から選出された委員は、JILPT報告書のアンケートもまた、裁量労働制適用者に有利な回答を誘導するように設問されており、裁量労働制拡大の可否判断の資料とすることは適切でないとして、公正な実態調査を主張するなど、早くも労使の攻防の場となりつつある。検討会は2019年4月22日の第5回会合で調査の実施内容が固まり、今後は調査結果を受けて再開される予定だが、初めに適用対象の拡大ありきの議論となることが懸念される。

（3）過労死を助長しかねない時間外労働上限規制

日本の長時間労働の背景には、無限定な働き方で長時間労働をこなす正社員があり、雇用の拡大に替えて残業に依存することが不況時における雇用維持の緩衝材となっている。また、残業手当を組み込んだ消費支出が常態化していたり、残業のできることが成績査定で評価されることもある。働き方改革では、時間外労働を原則月45時間としたものの、繁忙期など特定の場合の上限を単月100時間未満、2~6か月平均で80時間以下まで認めた。これは過労死認定基準と同水準であり、「過労死を合法化するものだ」として過労死の遺族団体が怒りの声を上げたのも当然である。こうした残業規制への消極姿勢と高度プロフェッショナル制のような労働時間の適用除外を併せて考えれば、政府の「働き方改革」が意図している時間短縮は、労働者の実労働時間ではなく、経営者の支払い労働時間であることは明らかであろう。さらに留意すべきことは、労働現場における過重労働の実態や下請けとの不公正な取引慣行を放置して上限規制だけを設けると、下請け中小企業や中間管理職に過剰な業務処理がしわ寄せされ、時間外規制が過重労働を拡大しかねないというパラドクスである。

また、労災の行政認定においては認定基準を柔軟に適用する傾向が浸透しているなかで、労使協定された特別条項の残業時間数以下で業務上災害と認定される事態さえ想定されるが、その場合、企業に安全配慮義務（労働契約法第5条）違反を問えなくなる懸念が持たれる。この点に関して法案の参議院採決時の付帯決議（第5項）は「事業主は、特例の上限時間内であってもその雇用する労働者への安全配慮義務を負うこと」としている。働き方改革法の施行に向けた政省令を審議している労働政策審議会で労働側委員は、参院付帯決議に沿った使用者の安全配慮義務を政省令に明記するよう主張しているが、あろうことか経営側は頑なに拒否し、責任回避に汲々としている。最終的にこの付帯決議の趣旨は、厚労省が9月に公布した「36協定で定める時間外労働及び休日労働について留意すべき事項に関する指針」（第3条）に留意事項として書き込まれることとなった。

（4）危機に立つ労働者保護法制

今回の働き方改革は「生産性を高めるには雇用の流動化に加えて労働時間規制を緩和するしかない」という、はじめに結論ありきの議論をしている。経営側は労働生産性の低さの理由として、硬直的な雇用制度や賃金体系など従来の日本的雇用慣行を槍玉に挙げているが、生産性の低迷は成熟した資本主義市場経済では不可避の資本係数の高止まり、つまり資本生産性の低下こそが根因である。今後も技術革新によって物的生産性の向上も期待できようが、それは専ら労働時間の短縮に振り向けられるべきものと言わねばならない。また、中小企業やサービス産業の付加価値生産性が低位にある問題を論じる際に、生産性の低さの要因は、売上から中間投入を控除した残差としての付加価値が、不公正な取引慣行による価格設定により中小企業には僅かしか残らないことをも問題にしなくてはいけない。

日本的雇用の構成要素とされる終身雇用や年功賃金は、もともと主として大手上場企業（および公務員の一部）が享受してきた特権に過ぎず、中小未組織（非正規や非雇用就労も含め）など大部分の周辺労働者には縁遠い制度であって、階層化された労働市場の上層部のみに恩恵を与えてきたという意味で社会的格差を包含していたことを見落としてはならない。

しかしこの制度は1990年代の利潤圧縮の下で大企業自身によって解体されてゆき、日経連が1995年に「新時代の『日本的経営』」で提示した雇用のポートフォリオは、労働市場階層化のリメイク版と位置付けることができる。1990年代の利潤率低下に際して、日本的雇用がやり玉に挙がったのは、年功賃金が人件費の硬直化で利益を圧迫し、終身雇用は雇用の流動化を妨げて産業構造の転換や生産性向上を阻害しているという理屈であった。しかし年功賃金も終身雇用も1990年代に始まったわけではないのだから、利潤率の低下には明らかに他の条件変化があったはずだ。それは、成長経済下で積み上がり、バブル期に著増した資本ストックがもたらす減価償却負担の増加であり、資本生産性（付加価値／資本ストック）の低下である。長期停滞の根因は労働側ではなく経営側、正確には資本主義そのものに内在していたということである。

いま進められている「働き方改革」は、このリメイクされた階層的労働市場をさらにバージョンアップし、労働分配率の引き下げによる利益確保を達成することが真の狙いである。すなわち、「働き方改革」が目の敵としているのは、すでに過去のものとなりつつある日本的雇用ではなく、ブラック経営者には効率阻害要因としか映らない労働者保護の岩盤規制それ自体なのである。

グローバル化した経済の下で国民国家は、主権者たる国民との社会契約に従って国民生活の向上を担うという債務を放棄し、グローバル競争に生き残りをかける企業の利益拡大を任務とする企業主権国家に変質しつつある。日本におけるその具体的表現が経営者代表で固められた経済財政諮問会議をはじめとした諸会議であり、経済産業省主導の「働き方改革」であると言えよう。現在進行中の「働き方改革」を、危機的な「新時代」における資本主義市場経済の腐朽化として読み解くことから、民主主義と国民主権の再構築に向けた対抗軸を構想してゆくことが求められる。

2　必要に応じた分配と時間主権

前項ではポスト資本主義の働き方とは、賃労働と資本の関係を止揚することだと述べたが、実は「働き方改革」には資本の側から賃労働と資本の関係を掘り崩してゆく意味合いが含まれている。産業革命以降の賃労働と資本の関係は、19世紀前半の工場法にはじまり、20世紀初頭のＩＬＯ創設や第二次世界大戦後の福祉国家における社会契約の拡充など、労働者保護政策（規制政策）と一体をなして進展してきた。それは資本主義市場経済の持続可能性を担保するうえでも合理的な措置といえるものであった。規制とは法人を含む国民が社会に負ってきた歴史的債務であり、雇用形態や労働時間に関わる規制緩和の意味合いは、経営側がこれらの債務（働く者の安全や健康に配慮する義務）を徐々に放棄して行くことだと考えれば分かりやすい。この債務不履行により賃労働と資本の関係は野蛮な原初の形態に逆行し、社会は持続可能性を喪失しつつ連鎖倒産の危機にある。規制緩和に対するアンチテーゼは規制＝労働者保護の（再）強化だが、以下ではこれら資本主義的な対立構造を止揚するジンテーゼについて、先人の叡智にも学びながら概観してみたい。

（1）あるべき賃金——必要にもとづく配分

賃労働の内実を構成するのは賃率（時間当たり賃金）と労働時間である。あるべき賃金とは狭義には、賃率に労働時間を乗じて得られる給与の水準ということになる。しかしあるべき賃金を健康で文化的な、人たるにふさわしい最低限の生活を営むための所得水準と捉えるならば、そこには企業からの給与（直接賃金）に加えて現金と現物を併せた公的な給付（間接賃金）を含めて考える必要がある。こうした広義の本来的なあるべき賃金の水準はどのような基準で考えるべきであろうか。

この問題をアマルティア・センの平等論から検討してみよう。センは適切な所得分配について「必要」に基づく概念と「功績」に基づく概念という対立する二つの基本的な考え方があるとした。必要とは生存から社会生活の維持までを含む生計費であり、功績とは労働成果物の対価とみなしてもよかろう。その上で「必要」に基づく概念は「功績」に基づく概念よりも解釈に統一性があり、「不平等」とは何かといった分配上の判断を下すための基礎として高い優先順位を持つとセンは述べている（『不平等の経済学』（1973年））。それでは「必要」に基づいて相対的に大きな所得シェアを受け取り、なおそれが平等であると判断される根拠としての「必要度」は、どのような方法で認定されるのか。これに対するセンの答えはケイパビリティ（capability：通常「潜在能力」と訳されるが、センが「功績」（貢献度）の対概念としたのは「必要」であり、顕在であれ潜在であれ「能力」ではない）の平等こそ「必要」が平等に充足しているか否かを判断する最善の情報的基礎であると主張する（『不平等の再検討』（1992年）など）。ケイパビリティとは、「栄養の補給」といった基礎的なものから「幸福の追求」など洗練されたものまで多岐にわたる、人が生活するに当たって必要とされる諸機能を組合せ、実現する可能性ないしは自由度といった概念である。センのケイパビリティ概念は、アリストテレスの『ニコマコス倫理学』に由来するとも言われるが、初期の『不平等の経済学』には『ゴータ綱領批判』から長文の引用があることからも明らかなように、カール・マルクスの影響も疑いえない。

さて、現実問題として、例えば同一価値労働同一賃金の原則は所得の分配を専ら「功績」に依存するものであるから、センの立論はこれに対するアンチテーゼともみなしうる。それでは、主たる生計の維持者たる一般労働者と家計補助的なパート労働者が同一価値労働に従事していた場合であれば賃金に格差が生じることを是認することになるのか。まず実際の格差が「必要」に基づくものか、専ら雇用形態の違いによる不当な差別（労働契約法第20条違反）かの峻別が先に立つが、この逆説を解く鍵は、「必要」に関わる所得の一定部分を給与所得（直接賃金）から外出しして、現物給付に重きを置いた公的給付（間接賃金）に置き換えることの裡に見出されるのではなかろうか。公的給付には財源問題が必然的に付随するが、翻って考えれば毎年500兆円からの付加価値を生み出す国民経済が、1億人余りの国民に健康で文化的な生活を保障するに足る、現金と現物による給付を賄えないということは、現行の経済システムの瑕疵もしくは腐朽化の結果と考えるのが当然ではないか。当面の財源対策の柱は応能原則に立った、大企業や富裕層への課税強化ということになろうが、中期的な見通しを言えば、株式会社形式の私的営利企業体制を組み替えて、利潤動機を廃絶したポスト資本主義の社会的組織体を構築してゆくことを視野に入れなければならない。

(2) あるべき働き方――時間主権の確立

あるべき賃金に対応した、あるべき働き方とはどのようなものと想定するのか。全員がしゃにむに無限定な働き方をすることは、戦後復興期から高度成長期にかけて日本がまだ新興国的な位置にあり、先進国経済に追いつけ追い越せというキャッチアップ型の政策が展開されていたころには、「男性稼ぎ手モデル」を標準として一定の「合理性」を持ちえたかも知れない。しかし今後もそのような働き方を標準に置きつづけることは、本来家族的責任や地域社会の共助に投入されるべき貴重な人的資源を徒に浪費し、社会全体としての厚生を低下させるような損失を生じさせている現実に照らせば、容認できるものではない。一方で、成長が停滞した資本主義市場経済の下では、営利企業自身が企業内福利厚生を含む「男性稼ぎ手モデル」（正社員モデル）を維持できなくなっている実態もある。

ここで述べる新しい働き方のモデルは正規と非正規の間に、働き方の多様化という名目の下で第三の働き方を設定することではない。限定正社員などの第三の働き方は格差を解消するものではなく、格差の多様化ないしは複層化をもたらす結果にしかならないことが明らかだからである。あるべき賃金の理念から導かれる中長期的なあるべき働き方とは、勤務地や労働時間を限定された正社員の働き方に注目し、本人の同意のない転居を伴う転勤の原則禁止（憲法22条1項の逆解釈による、自己の意思に反して居住地を移されることのない自由の厳格化）や時間外労働の原則禁止（労働基準法の趣旨に沿った第36条の厳格運用）を普通の労働者の働き方の基本として位置づけ、少なくとも労働時間規制においてはＩＬＯ1号条約（8時間労働制）を批准できる国内法制度の整備を急ぐことがベースとなるべきである。そのことをとおして次世代を含めた労働力の再生産が可能な賃金を、再生産が可能な労働時間によって稼得できるようにしなければならない。そしてこれをディーセント・ワークの雛形として定着させることが重要である。

再生産可能なあるべき賃金を再生産可能な労働時間（働き方）で稼得できる社会は参加型社会と位置づけられよう。ここで構想する参加型社会は、全員参加を想定するものの、「一億総活躍」などという扇動的なスローガンとは根本的な価値観を異にする。英国の経済学者アルフレッド・マーシャルは「高尚なものにせよ低級なものにせよ、強烈な野望といったものをもたない普通の人間にとっては、ほどよく、またかなり持続的な仕事をもってほどよい所得を得ることこそが、真の幸福をもたらすような、肉体・知性および特性の習慣をつちかう最善の機会を与えてくれるのだ。」（『経済学原理』第3編第6章）と述べているが、参加型社会はマーシャルが普通の人間に最善の機会を与えると考えた働き方と同様に、そこそこの（すなわち一人前の）能力を持った労働者が、ほどほどに（すなわちワーク・ライフ・バランスを保って）働くことで生活の安定と将来への安心が得られるような社会である。少なくともわたしたちが構想の中心に置くべきなのは、そうした普通の労働者でなければならない。一方ではマーシャルのいう「強烈な野望」的な情熱を自らの仕事に注ぎ込もうとする者もあろうし、他方には何らかのハンディキャップによって標準的な働き方になじまない者もあろう。全員参加の社会を構想するに際しては、個々の労働者が多様な個性や属性（ダイバーシティー）を有していることを踏まえ、その多様性を尊重しながら、普遍主義的な包摂や育成の施策を策定し、すべての参加者を普通の労働者として平等に処遇することが緊要である。

現状は、労働者とその家族を包摂する市民社会と企業が主体である市場の間で、規制主体としての国の介入を前提に結ばれた日本的社会契約、すなわち長期安定雇用や年功賃金を柱とした日本的雇用慣行および企業の法定外福利と専業主婦の無償家事労働を国の貧弱な社会保障制度が補完するという独特の福祉国家の基盤が揺らぎ、企業は従来の雇用慣行を硬直的なシステムとみなして破棄しつつある。一方、国は困難に直面する企業部門を支援する産業政策に特化して、もともと脆弱な福祉の切り捨てに転じた結果、新自由主義的市場の論理が市民社会を併呑するかのような事態に立ち至っているとみることができる。その結果、転居転勤や長時間労働で労働者に過度の負担を強いるような無限定正社員の働き方と低賃金不安定雇用の非正規労働者に過度に依存し、労動条件の劣化を競争資源にしようとする一種の社会的ダンピングが、持続可能な社会の構築を妨げてきた挙句に、今日の経済的後退がもたらされたということができよう。

こうした現状への対抗戦略の要となるべきは、労働時間に対する労働者の自己決定権＝時間主権を賃労働と資本の関係のうちに、どのように浸透させてゆくのかという課題である。労働時間とは、資本主義市場経済に固有の賃労働と資本の関係に規定された使用従属関係の下で、人間としての労働者に近代憲法に基づいて保障された自由権が、使用者の指揮命令権の行使により制限される例外的時間帯である。マルクスは賃労働を必要労働と剰余労働に分解し、必要労働時間は労働者家族の生活費を満たす賃金に充てられ、剰余労働時間は利潤の源泉になるとした。経済成長があれば労働者家族の「必需品」もタケノコ生活から三種の神器、さらに3Cへと充実してゆき、生産性の向上による相対的剰余価値の拡大は剰余労働時間を短縮してさえ資本の自己増殖を可能にしてきた。小峰隆夫のいうように「経済成長は七難を隠す」のである。しかし成長が止まれば、資本主義に内在する七難、八難が次々に露呈してくる。労働時間規制の及ばない多数の労働者層の出現は、剰余労働時間の延長による絶対的剰余価値の拡大を目論むものと解すべきなのだ。一般に労働時間に関する労働協約は、賃金のようにインフレで影響を相殺するといった調整のきかない非妥協的な協約である。従って交渉力のない労働組合は時短を進めることなどできない。時短闘争の意義は、賃労働という束縛された例外的時間を極力小さくしてゆくことであり、究極的には一労働日、通年およびライフステージ全般を含む労働生活総体に対する労働者による時間主権の確立への挑戦として、目的意識的に取り組むことが求められるものである。

（3）経済の定常化とインダストリー4・0

労働組合が取り組むべき当面の課題は、失われた何十年かの間に反故にされた社会契約の再締結に向けた真摯な努力と、その社会契約を基盤とした福祉国家の再構築でなければならない。とりわけ本章で述べてきた再生産可能な賃金を再生産可能な労働時間で稼得しうる働き方の確立は、こうした観点に立った課題である。とはいえ、第二次世界大戦後に一度確立した福祉国家的社会契約が反故にされてきた経過、すなわち定常状態下で社会的な賃率ないしは労働分配率の引き下げをもって利潤を確保せざるを得ないという資本の動機に鑑みれば、資本の側に譲歩の意思も余力もない中での〝福祉国家の再構築〟は、極めて苛烈な攻防が不可避となることを想定せねばならない。その意味では、近代的な賃労働と資本の関係は資本の側からも掘り崩されつつあるのだとみなすべきかも知れない。賃金と労働時間が切断され、労働時間に関して規制とともに管理も消失してゆくことは、資本の論理でそれが強行される限りは前近代への逆行でしかないが、労働者のヘゲモニーによって時間主権の確立運動として取り組まれるならば、資本主義市場経済を超えたパラダイム転換の契機もまた存在するというべきである。

今日の資本主義市場経済においては、高度成長期に特有な需要の持続的拡大は最早望むべくもない。ちょうど飛行機が離陸してから巡航高度に達するまでが高度成長期だったのである。巡航高度に至った経済では、研究開発によって機能や品質で比較優位の製品を発売しても、既存製品や同業他社の市場を奪うだけで市場そのものの拡大にはつながりにくい（例えばガラ携からスマホへ）。また画期的発明で競合のない市場展開ができたとしても、既存市場からの需要の移転に終わって全体のパイを拡大することにはなりにくい（例えば車に乗る代わりにスマホで遊ぶ）。賃金抑圧で所得が低迷しているのだから、当たり前の結果ではあるが、経済規模の拡大が滞ること自体は経済の成熟化を示しているのであって、本来はなんら悲観すべきことではない。19世紀の経済学者J・S・ミルはこれを経済の定常状態と呼び、その下での技術革新は労働時間の短縮に寄与して、労働者の精神的文化的生活の向上をもたらすであろうと考えた。けだし慧眼ではないか。マルクスはミルのこうした先見性を評価して、同時代の俗流経済学者と同一視することはまったく不当だと述べている。ミルの表現を今日的用語法に置き換えれば、社会の持続可能な安定的発展ということになろう。ところが、定常状態経済で企業利益のみを拡大再生産しようとすることは、巡航高度にある飛行機の高度をさらに上げて大気圏外に迫ろうとする行為に似ている。ロケットやＩＣＢＭではあるまいし、こうした試みはなんらの成果をも生まないばかりか社会に大きなひずみをもたらすことになる。非正規労働者の賃金格差や中小企業の付加価値格差が何よりの証左であり、広い意味では現在世界を覆っている経済危機それ自体が、構造変化した経済下での誤った「成長戦略」の帰結であるともいえる。

ときあたかも、人工知能やロボットによるインダストリー4・0が話題を呼んでいる。かつての産業革命は蒸気機関にせよ内燃機関にせよ、はたまた電気・通信技術にせよ人間の力を超えるものとして経済規模の拡大に資するものであったが、伝えられるインダストリー4・0はむしろ精神労働を含めた人間労働そのものに代替する技術のようである。そうであればこれは産業革命というよりむしろ働き方革命の技術としてこそ有効性を持つと考えられるのではないか。ミルが構想した定常型経済における労働生活の質的向上にむけた技術革新が漸く日の目をみつつあると考えることもできよう。インダストリー4・0の中核をなす技術は、あたかも「鉄人28号」のごとく、良いも悪いもリモコン次第であり、誰が何の目的でその新技術を活用するのかによって社会的価値が180度転換する両刃の剣のようなものだ。人工知能に代表される21世紀の新技術は、資本主義市場経済の限界の中で生み出されながらも、賃労働と資本の関係を止揚しつつ、自由な人間労働の物質的基礎を準備するものとして位置付けなおしてゆかねばならない。そのとき企業は社会に開かれた公共的・公益的な組織として、文字通り社会の公器として再構築されることとなるであろう。未来に向けた扉はわたしたちの眼前に開かれていると思うのは楽観的に過ぎるであろうか。重要なのは、その扉を押し広げ、断固として前進してゆく隊列を情勢に間に合って準備することである。

（2019年6月書き下ろし）

第7章

ＴＰＰが突き付けた労働組合の課題

1　今日の国際労働運動を取り巻く情勢――新自由主義政策へと遡行する各国政府

今日の国際労働運動を取り巻く情勢の焦点は、さしあたり欧州をめぐるものであろう。ギリシャをはじめとしたいわゆるＰＩＩＧＳ諸国の債務危機に端を発したユーロおよび欧州統合それ自体の動揺に対する施策として、ＥＵ圏各国は極端な緊縮財政を導入することで合意している。これに対しＥＴＵＣ（欧州労働組合総連合）や各国のナショナルセンターは、こうした緊縮政策を完全に誤った政策であるとして批判を強めている。

ドイツＤＧＢのミヒャエル・ゾマー会長、フランスＣＧＴのベルナール・ティボー書記長など５か国８つのナショナルセンターのトップは、２０１１年12月13日に「新しい欧州社会契約をめざして」と題する共同声明を発表した。そこでは現状を歴史上最も深刻な危機と規定し、第二次世界大戦後、欧州に福祉国家を建設し、欧州連合の誕生につながった統合計画を可能にした社会契約をＥＵの諸機関と多くの加盟国が破棄しつつあると断じている。そして雇用、賃金、年金、失業給付、教育、医療などを主要項目とする新たな社会契約を確立する必要があるとしている。すなわち、世界的な金融恐慌をもたらして破綻した新自由主義政策（今日の欧州危機はその帰結の一部である）に代えて、第二次世界大戦後に多くの資本主義諸国が採用したケインズ理論に基づく混合経済体制への回帰が強く打ち出されている。

具体的な取り組みとして、２０１２年２月29日、ＥＴＵＣはＥＵが合意した新財政協定への反対をアピールする「雇用と社会正義のための欧州アクション」を加盟各国において展開したが、このキャンペーンにおいてＤＧＢは「緊縮政策ではなくマーシャルプランを」とのスローガンを掲げた。第二次世界大戦後の米国の役割を今日のＥＵにおいてはドイツが果たすべきだということだ。これらの闘争は１９１７年のロシア革命、１９１９年のＩＬＯ創設以降に確立されてきた労働組合権、雇用と賃金の確保、社会保障など社会契約として担保されてきた諸権利の一切が掘り崩されようとする、正に１００年に一度の危機に対する反撃なのである。

因みにこの共同声明に半年ほど先立つ２０１１年４月に、グローバルユニオン（ＩＴＵＣ（国際労働組合総連合）・ＯＥＣＤ‐ＴＵＡＣ（労働組合諮問委員会））は『危機からの脱出：より公正で持続可能な経済モデル』という提言集を刊行している。ジョセフ・スティグリッツが緒言を起草しているこの提言集において、ＴＵＡＣのピーター・バクビスは、各国の政治家に対し、無闇な財政規律ではなくジョン・メイナード・ケインズが『一般理論』で提起した中心的な理論を採用すべきだと端的に述べている。また同提言集の結語でロン・ブラックウェル／デビット・コーツは「優先すべきは完全雇用への復帰である」と断言した。

こうした政策スタンスの背景を世界経済史の流れに沿って整理すると、最初の危機は１９２０年代終盤から深刻化した世界恐慌を機に、従来の実験室的な均衡理論に基づく新古典派経済政策がことごとく信頼を喪失した際に訪れた。これを解決したのが合理的な財政政策および秩序ある金融制度に基づき、完全雇用と所得の平等な分配を企図したケインズの『一般理論』であった。第二次世界大戦後における経済制度の主流となった混合経済体制の下、欧州の社会民主主義政党は主要産業の国有化も含む福祉国家路線を推進し、各国労働組合もその重要な一端を担ってきた。

第二の危機は１９７０年代初頭に資本主義経済体制の根幹を揺るがしたスタグフレーション（インフレと景気後退・失業の同時発生）により、ケインズ政策の有効性が揺らぎ、福祉国家路線そのものが挫折したとき生じた。問題はこれを契機に１９８０年代以降、新古典派理論を最悪の形で、すなわち専ら多国籍企業や金融資本の利益を極大化させる方策として復活させた、マネタリズムや自由貿易など新自由主義の成長神話が経済政策の主流をなすに至ったことである。次項で詳述するが、新自由主義全盛の時代には世界に失業と貧困そして格差が蔓延した。また国際労働運動の苦難の道もここから始まったのである。例えばＧＵＦ（国際労働組合組織）のひとつであるＩＭＦ（国際金属労連）は『アクション・プログラム（運動方針）２００２～２００５』の中で、「使用者と多くの国々の政府は、世界のすみずみで規制・規則なき資本主義を生み出そうと決意を固めている。規制緩和の名のもとに、労働者や消費者、環境を保護するための法律が廃止され、市場原理が社会的影響を顧みずに世界経済を支配するままになっている。」と警告を発している。

そして今、第三の（最大の）危機が進行している。米国を震源とするリーマン・ショック後の世界的な金融機能の麻痺状態に対処すべく、危機の直後には各国政府が協調して金融機関への公的資金投入（国有化）や大規模な財政出動などケインズ型の政策を採用して恐慌の拡大を抑止した。しかし肝心の完全雇用政策や社会福祉政策に対する国民国家の役割強化を軸とする『一般理論』の中心的政策は放棄され、欧州を中心とした各国政府は、国家債務危機に藉口して、公務員の人員・給与削減、公共サービスの削減・民営化、年金・社会保障の切り下げ、最低賃金の引き下げ、付加価値税増税など一連の新自由主義的な緊縮政策に先祖がえりを始めている。そして以下でみるTPPなどの貿易・投資に関わる経済連携協定も新自由主義政策へと遡行する、もうひとつのメイン・ストリームなのである。

2　国際労働運動と経済連携協定——格差と貧困を蔓延させた自由貿易

国際労働運動組織の経済連携協定一般に対する基本スタンスを理解するには、ITUCが結成大会（2006年11月）で採択したプログラム文書（運動方針）における関連記述をみるのが手っ取り早いだろう。IMFや世界銀行については「相変わらず労働者と貧困層に敵対するプログラムを実行しており、その典型が民営化の推進、貿易と投資の自由化、労働市場の規制撤廃である。」と明言している。WTOに関しては「その創設以来、持続不可能な貿易自由化モデルの牽引者となり、労働者の搾取、開発における不平等、環境破壊、ジェンダーの不平等を深刻化させてきた」と手厳しい。また「WTOには社会と労働の問題に対する絶対的なニーズがあり、貿易、社会開発、労働基準に関する常設の作業部会を設置し、そこにILO（国際労働機構）が全面的に参加すべきである」とも主張する。またこれらの問題は地域と二国間の貿易、投資、協力協定にとっても同じように重要であるとして「社会に不可欠な公共サービスである教育、医療、水道、公共交通などの基本的な公益事業を貿易自由化交渉から除外し、政府は公共の利益のためにこれらを規制し、守る権利を維持すべき」と結論している。

一読するとカール・マルクスが19世紀中葉に自由貿易問題についての演説で、「社会の現状においては、自由貿易とはいったいなにか？資本の自由だ」「労働者は自由になった資本も、関税に悩まされている資本と同様に、彼を奴隷にするものであることを悟る」「自由貿易が一国の内部に発生させる一切の破壊的現象は、もっと巨大な規模で全世界の市場に再現する」などと指摘していたことが想起される。しかしＩＴＵＣのプログラム文書は20世紀の終盤から今日にいたるまで、国際労働運動がグローバル化する世界経済の下で新自由主義的な貿易協定（自由貿易協定）と長年にわたって闘ってきた歴史の総括的な文言である。ここで言う新自由主義的な貿易・投資政策はワシントン・コンセンサスとして広く知られてきた。ワシントン・コンセンサスとは米国国際経済研究所（ＩＩＥ）のジョン・ウィリアムソンが創作した用語で、米国財務省とＩＭＦ・世界銀行間の合意を意味する。その内容は財政規律の徹底、企業減税、為替市場の自由化、輸入自由化、海外投資の規制撤廃、国営企業の民営化、労働市場の規制緩和、財産権の厳格な保護などからなる。要するに多国籍企業（ＴＮＣ）のビジネスチャンスを最大化するものであり、１９９５年のＷＴＯ創設もそうした政策の一環（集大成）として位置づけられる。具体的にはＩＭＦ・世界銀行といったブレトンウッズ機関が途上国に課した構造調整政策として展開された。なかでも中南米やサハラ以南アフリカ諸国で忠実に実行され、結果として格差や貧困の拡大が生じた。上記のITUCの見解はこうしたワシントン・コンセンサスに対する批判に他ならない。

1990年代半ばになると、TNCは南の諸国の資源や市場を獲得して北の工業国に原材料を輸出するに止まらず、先進工業国に対しても貿易・投資の自由化を強く要求するようになった。OECD（経済開発協力機構）を舞台とした多国間投資協定（MAI）やWTOのドーハ・ラウンドはそうした貿易・投資分野における一層の自由化を目論む交渉であったが、幸いにして何れも多国間の協議が難航を極めて頓挫しており、現在ではFTA／EPA（自由貿易協定／経済連携協定）のような二国間協定かNAFTA（北米自由貿易協定）やTPP（環太平洋経済連携協定）などの地域（ブロック）協定の推進に軸足が移されている。

この点についてIMF（国際金属労連）は『アクション・プログラム2009~2013』の中で「各国政府は労働者の利益よりTNCの利益を絶えず優先させており、これは貿易問題に特に顕著に表れている。現在の世界貿易体制は、持続可能な発展の問題に取り組んで世界中で労働者のニーズに応える能力がないことを露呈し続けている。工業製品の貿易自由化促進に関する（WTO協定の）現行案は、多くの発展途上経済で進歩の見通しを損ない、発展途上国と先進国において多国籍資本に対して労働側を弱体化させることから、労働組合はこれらの案に強く反対している。多国間主義が危機に瀕している一方で、多くの場合、労働組合との協議・意見抜きで取り決められた二国間・地域貿易協定が急増している。」と主張している。

なお、前出のMAIについては、次項で述べるTPP協定の問題点を考察するにあたり、重要な視点を提供することから、その内容と頓挫に至る経過を簡単に紹介しておく。MAIは投資を中心とした金融・資本分野の自由化・規制撤廃を企図したもので、1995年からOECDで協議された。米国クリントン政権が「21世紀における世界経済の憲法」と称揚主導したMAIは、国際投資を自由化しTNCに自由と権限を与えるもので、現地政府は外国企業への規制を制限される一方で外国企業への補償義務を課せられることになっていた。米国の狙いは1994年に発効したNAFTA（その後カナダ、メキシコの経済を米国に従属させる結果となった）の投資条項をOECD全体に拡散させることであった。またWTOの1994年改革で創設された紛争解決機関（DSB）が比較的公正な（従って米国の利益を損なう）国家間のルールを設けていることもMAIの誘因となったかも知れない。MAIの協定内容は秘密裏に交渉されていたが、1997年春に協定草案がリークされるに至り、GUFや各国のNGO・市民団体の大規模な反対運動が世界に広がり、結局MAIは1998年にフランスが交渉から離脱したのを機に挫折した。しかしMAIに込められた米国・TNCの狙いは、今日なお多くのFTA／EPAやTPPのような地域協定に投資家対政府の紛争解決制度（ISDS）条項などの内容をもって継承されているのである。

米国政府がTPP交渉参加に至る道筋を概観すると、NAFTAやMAI同様の意図をもったFTAA（米州自由貿易圏）は、NAFTA参加によるメキシコ農業の惨状やカナダを含め農業に対する米国巨大アグリビジネスの支配強化を目の当たりにしたことで、南米諸国に対米自立の機運が高まる中、２００６年の第４回米州サミットにおいて事実上頓挫させられた。南米諸国はメルスコール（南米南部共同市場）やＣＡＮ（アンデス共同体）あるいは南米独自の金融機関Banco del Sur（南の銀行）の創設など、米国を除外した独自の経済・金融分野での連携強化を模索している。

アジア太平洋地域についてはＡＰＥＣ（アジア太平洋経済協力会議）におけるＴＮＣ系ロビー組織ＡＢＡＣ（ＡＰＥＣビジネス諮問委員会＝米国ピーターソン国際研究所が大きな影響力を持つとされる）が作成したＦＴＡＡＰ（アジア太平洋自由貿易圏）構想（１９９７年）がある。この構想はもともと高度な調査・検証能力を欠いているＡＰＥＣにおいては実質的な検討が進んでいなかった。２００４年にＡＢＡＣが具体的な検討を求めた際にも、ＦＴＡＡＰはＡＰＥＣの基本的性質・原則を大きく歪めることになりかねないとして検討に着手しなかった。しかし２００６年には米国政府がＭＡＩやＦＴＡＡの挫折を受けて、ＦＴＡＡＰ積極推進の立場を鮮明にしたことから同年11月の第14回ＡＰＥＣ首脳会議（ハノイ）で突如として検討開始が合意された。しかしインドネシアなどＡＳＥＡＮ（東南アジア諸国連合）諸国を中心にＦＴＡＡＰへの懸念は強く、初期ＡＰＥＣの提唱国であるオーストラリアは、ＮＡＦＴＡ型貿易協定交渉で米国の影響力が強まることを警戒していたことなどから、検討は遅々として進捗しない状況にあった。そうした中、次項で詳しく見るように２００８年に米国ブッシュ政権は方針を転換してＴＰＰ協定交渉への正式参加に踏み切ったのである。

3　交渉参加国のTPPへの対応指針――新自由主義への水先案内人ISDS

TPP協定交渉は2008年に米国が正式参加し、投資・金融サービス分野の交渉が開始されるに至り、質的にも大きく変化した。変質したTPPに対する協定交渉参加各国労組の見解は、2010年3月にオーストラリア、ニュージーランド、シンガポールおよび米国のナショナルセンターが発した「TPPに関する労働組合共同宣言」に集約されている。宣言は貿易協定の原則には反対してはいないとしつつ、交渉過程や具体的協定内容については多くの留意点を挙げている。関心の中心は、交渉過程については情報公開（透明性）と労働組合やNGOなど市民団体の参加に向けられている。また協定内容については雇用の保護や創出、労働者の権利擁護が重視されているのは当然として、1990年代のMAI反対闘争の経験に踏まえて、投資分野とりわけISDS条項については、「最近の貿易協定の多くは投資条項を含んでおり、国内投資家に与えられている以上の大きな手続き上の権利を外国投資家に与えている。さらに、投資家と国家の間の紛争解決制度には欠陥があり、救済請求権の乱用を制限する常設の上訴制度などの規制方法が存在していない。既存の投資条項の一部では、投資家が収用規則や最低待遇基準を利用して環境法令、公衆の安全衛生保護策などに違反している。これらの投資条項は全体として国内制度の中で国内投資家が持っている権利を上回る権利を外国投資家に許すことになる。TPPは投資家と国家の間の紛争解決制度を持つべきではないし、合法的な公益保護規制に挑戦するような規則を含むべきではない」とし、そうした条項自体設けるべきでないとしているのが特徴である。

またわれわれＪＡＭの国際上部団体であるＩＭＦ（国際金属労連）も２０１１年８月29日に、スイス・ジュネーブにおいて「ＩＭＦ貿易・雇用・開発に関する作業部会・臨時会合」を開催し、ＴＰＰ交渉に関する声明をまとめた。直接ＴＰＰに関わりのない欧州の地に関係各国の金属労組代表を招集して会議を開催したこと自体が、ＩＭＦのＴＰＰに対する関心の大きさを示している。ＴＰＰへの見解についての声明は10項目からなるが、投資条項については「ＴＰＰには、市民の利益となる法律を制定する各国政府の主権を制限する規定や、国内投資家よりも幅広い権利を外国人投資家に付与する条項を盛り込むべきではない。またＴＰＰには、投資家・国家間の紛争解決メカニズム、及び公共の利益に資する合法的な規制に対する異議申し立てを可能とするような規定を盛り込んではならない」として、さらに明快にＩＳＤＳ条項等を退けている。

交渉参加各国労組は昨年２月に「投資に関して」と題するシングルイシューの共同宣言を出している。すでに見てきたように投資条項こそがＴＰＰ協定交渉の攻防の要だからである。宣言は①投資家と国家間の紛争解決手続き（国家間の機関に置き換え）、②投資家の最低保護基準（国際慣習法による保護以上でないこと）、③投資の定義（定義を狭め金融商品に特別の保護を与えない）など８項目からなる。ＷＴＯにはすでに国家間の紛争解決機関（ＤＳＢ）が設置されているにも関わらず、あえてＴＰＰの中に投資家（ＴＮＣ）が投資先政府を提訴できる仕組みを持ち込むことは、明らかにＩＳ

DSを水先案内人とすることで、ワシントン・コンセンサスからMAIへと連なる、市場原理主義・新自由主義的な「自由貿易」政策への遡行を意図していると解する外ない。

なおISDSについてはTPP交渉の中でオーストラリア政府が導入に反対している（米豪EPAでもISDSは排除されている）。この点に関しシドニー大学のパトリシア・レイナルドは、2011年9月にシカゴで開催されたTPP第8回交渉の利害関係者会合に文書を提出し、ISDSは通常の国内司法手続きと比較して仲裁審議の透明性や仲裁員の構成について大いに問題があると指摘している。特に注目すべきは、NAFTAなど既存の協定に含まれるISDSの副作用として、「規制委縮（regulatory chill）」効果と表現される影響、すなわち政府が長期に渡る訴訟と損害賠償という脅威と費用を憂慮し、このような脅威を理由に正当な規制を思いとどまるといった状況にあると指摘されている点である。またUNCTAD（国連貿易開発会議）は問題点の詳細な報告書を出し、調停・仲裁などの平和的な解決方法や交渉を通じた解決努力などの代替的な紛争解決方法や政府と企業の間の対立が公式の紛争になる前に防ぐ政策などについて勧告している。関心のある方は「Invester-State Disputes:Prevention and Alternatives to Arbitration. UNCTAD Series on International Investment Policies for development（UNITED NATIONS 2010）」を参照されたい。

TPPの問題点は、米国の日本に対する干渉というナショナリズムの観点で捉えられがちだが、それは間違いではないにせよ極めて一面的な見方である。米国をはじめ新自由主義経済政策を採用する政府は、国民生活を安定させる義務を放棄し、TNCの意向を忖度した政策を推進しており、特にU

STR（米国通商代表部）はUSCC（米国商工会議所）をはじめとする財界ロビーの影響下に置かれたTNC利益代表部とみなして大きな間違いはなかろう。すでにみたとおり、TPP参加表明前の2006年、当時の米国ブッシュ政権はAPEC全体をターゲットとするNAFTA型協定・FTAAPを提唱していた。しかし中国、ロシアを含む交渉の困難さに加え、ASEAN諸国自体が米国主導の一律的貿易・投資の自由化に懐疑的であった（これら諸国はかつての日本にならって、政府主導の資本ストック蓄積や輸出振興戦略を基礎に「東アジアの奇跡」を演出してきたが、アジア通貨危機後のIMFによる構造調整策で国内経済が極度に混迷した経験を有する）ため具体化の見通しは立たなかった。そうした矢先の2008年、TPP協定では金融サービス取引、投資自由化、投資家保護など加盟国の経済主権に関わる項目を交渉する新ラウンドが開始された。その意味で現状のTPPはTNCの利益に最も適った協定であり、勤労国民にとって得るべきものはほとんど何もない。日本経団連がかつてMAI交渉の早期妥結を求め、現在TPP協定交渉参加への旗振りに勤しんでいる理由はここにある。

一方で日本の労働組合をみると連合は交渉参加そのものには反対していない。また金属労協（IMF・JC）は製造業の国際競争力強化の観点から積極的な推進役に回っている。確かにTPPにはかつてのGATT（関税および貿易に関する一般協定）のような関税引き下げに関する項目が存在する。しかしTPPにおける関税引き下げが貿易を拡大して日本のGDPを押し上げる効果は、内閣府の試算でも10年間の累積で最大3・2兆円程度であり、ASEAN＋3など他の経済連携協定と比較しても小さなものにすぎない。少なくともこの点から判断すればＴＰＰが優先順位の高い選択肢とは言えないのである。

ＴＰＰ協定の大部分は非関税障壁の撤廃に関わる内容である。これらの中には国家の法律による規制（安全や健康、環境や地域振興に関わるものを含む）を標的にした規制緩和を目指すものもあり、日本に引きつけて言えば、小泉・竹中時代に強行された構造改革政策の中で、やり残した部分、やり足りなかった部分をＴＰＰ協定として再度推し進める側面を有するのである。連合はリーマン・ショック直後の２００８年10月に『歴史の転換点にあたって～希望の国日本へ舵を切れ～』とするアピールを発し、暴走する市場原理主義の終焉を宣告するとともに、価値観の転換を促し「連帯と相互の支え合い」という協力原理が活かされる社会へのパラダイムシフトの必要性を訴えた。連合は自らパラダイムシフトの牽引者としての役割を果たしていくと宣言したのであるから、ＴＰＰ協定に含まれる新自由主義政策への逆噴射となりかねない項目については、その役割に違わぬ対応が求められるところである。連合、ＪＣともに海外関連労組や国際上部団体との連携した取り組みを謳っているが、詰まるところ日本の労働組合の対応は、言わば外圧頼みの状況で、いささかの心許なさを禁じ得ない。

まとめ

緊縮財政や大衆増税に代表される復活した新自由主義政策へのアンチテーゼとしてＩＴＵＣなど国

際労働組合はケインズ『一般理論』の中心的な理念に基づく政策、すなわち税財政・金融政策に対する政府の主導性を強化し、完全雇用（ディーセントワーク）、所得の公正な再分配、公共サービスの充実などにより、21世紀の新しい持続可能な福祉社会を目指すことを掲げている。TNCや金融資本がいくら利益を上げても、先進国においても新興国・途上国においても、国民国家の財政は潤わず国民生活も豊かにはならない。このことは理論的にも経験的にも明らかなのだから、労働組合のアンチテーゼは文字通り資本主義的市場経済をリフォームしようとする試みだ。この伝に習って、強欲資本主義の危機の深化と相俟って隆盛を極める新自由主義的な通商政策への対抗軸を考えるならば、ケインズが第二次世界大戦後の世界貿易のルール作りのために提唱したITO（国際貿易機構）の理念を検討すべきだろう。ITO憲章（ハバナ憲章）はケインズ没後の1948年にキューバのハバナで開催された国際貿易雇用会議で採択されたが、米国政府や米国系大企業のさまざまな政治的思惑に翻弄され、最終的には米国議会が批准しなかったために日の目を見ることはなかった。しかし、憲章が目指したルールは今日でもその意義を全く失っていないように思える。

ITO憲章は、WTOとは異なり、完全雇用、社会福祉、貧しい国の経済発展などが目標とされており、特に憲章の第2章「雇用と経済活動」は全編にわたって失業と不完全雇用の回避政策に充てられ、全ての加盟国にILOと協議・協力することを義務づけている。また憲章は海外の投資家が加盟国政府の内政に関わる諸規制に介入することを禁じる一方で、キャッチアップ過程にある最貧国に対しては、自国の発展に向けた政府補助のような保護措置を容認し、特に一次産品の小規模生産者の保護を明記している。仮にＩＴＯが誕生していたなら、南の国の累積債務問題やその延長上の欧州ソブリン危機、労働者・農民の失業や貧困と言った問題の大部分は回避できたであろう。加えてＩＴＯと同時に構想されていたＩＣＵ（国際決済同盟）と決済通貨バンコールが実現し、経常収支の不均衡を是正するシステムが機能していれば、基軸通貨国がドルを過剰発行しながら経常赤字を慢性化させ、バブルの崩壊と金融危機を繰り返すこともなかったであろう。なお本文中でＩＳＤＳに関する詳細な報告書を出したＵＮＣＴＡＤについて触れているが、同会議はＩＴＯの理念を継承する組織として発展途上国の強い支持の下に創設された経緯がある。

このように見てくるとＩＴＯ憲章には、現在国際労働運動がＷＴＯやＦＴＡ／ＥＰＡなど個別の経済連携協定に盛り込むよう求めている項目を、ほぼ全て満たしているように見える。日本は日米安全保障条約第２条（経済協力）の規定からも、米国からの誘いを無碍に断ることも難しい実状にあるのだが、ＴＰＰのような米国が主導する地域協定においては、ただ相手の要求を鵜呑みにするのではなく、ケインズがＩＴＯ構想に取り入れた世界貿易の公正なルールを厳格に反映させることが極めて重要な課題となっている。

（「ＴＰＰ協定交渉参加国労働組合の見解：その背景にある思想ととりまく情勢」農業と経済78巻６号（２０１２年５月）所収）

補論

現代資本主義と賃金闘争（2013年11月3日 労働大学講演）

私は1972年に成蹊大学法学部政治学科に入学し、卒業後、日産自動車に就職しました。大学の同じ学科で1年後輩に安倍晋三君がいましたが、目立たない凡庸な学生で、政治家にならなければ良いお付き合いができたのではないかと思います（笑）。

私が日産自動車を選んだのは、現代社会の土台である主要産業、とくに輸出製造業にかかわりたいと思ったからですが、当時ですから縁故採用でして、自動車会社にエンコ採用なんて洒落《しゃれ》にもならないんですが（笑）入社しました。同時に、ユニオンショップですから自動的に日産労組の組合員になりました。組合は今年（2013年）2月に亡くなられた塩路一郎さんの全盛期でして、まもなく石原社長が就任し、石原vs塩路の有名な対立劇が始まるんですが、それはともかくとして私は塩路さんの組合運営や民主的でない役員選挙などに反発し、84年に日産労組を脱退し、同時に1966年の企業合併後も少数組合として存続していた全金（総評全国金属労組）プリンス自工支部に加入しました。しかし、その全金プリンス自工支部は89年に連合発足をめぐって全金グループとJMIU（全労連）に分裂します。全金本部は、全機金（新産別全国機械金属労組）や他の中立労組と合併して「金属機械」（全国金属機械労組）になるんですが、その過程で私は金属機械中央本部の書記に就任しました。就任にあたり2人の怖い先輩と面接しまして、そのうちの1人がここにいらっしゃる嶋田さん（前・労働大学調査研究所共同代表）です。金属機械はさらに99年にゼンキン連合と統一してJAMになります。というわけで私は金属機械からJAMという産別組織の本部に通算23年勤務し、最後はJAM副書記長で、還暦を目前にした今年8月の大会で退任しました。いまは連合総研で主任研究員を務めています。

ＪＡＭの考え方

はじめにＪＡＭはどんな考えの組合なのかをお話しして、私の立ち位置を明らかにします。

１９９９年のＪＡＭ結成にあたり、「ＪＡＭの理念」という綱領的文書が採択されています。じつはそれが起草されたのは統一を準備していた段階で、当時、金属機械とゼンキン連合と16くらいある様々な業種別共闘が集まって機械金属共闘会議という団体を構成し、そこで金属労働戦線の統一をどう実現していくかと議論をしました。そのなかに「統一を話し合う会」という場を設定し、そこで議論を詰め、93年に「なぜ統一を進めるのか」という文書を決定しました。それがその6年後のＪＡＭ結成の綱領的文書になったわけです。

そこで言われていることは、中小を組織している金属産別の金属機械とゼンキン連合が統一して新しい金属産別労組を結成し、交渉力や産業政策を強めることと、もうひとつ重要なこととして広範な中小を組織する産別労組を結成して連合運動の強化を進めようと書かれています。大手企業連に傾斜する連合運動に歯止めをかける。企業連が中心の運動ではナショナルセンターとしての十分な機能が発揮できない。これに対抗する産別労働運動を作り、連合強化を図ろうと明確に記載されている。93年といえば連合結成から4年を経ており、その経験からの決意です。今年のＪＡＭ定期大会はサブスローガンに「原点に立ち返り、未来を切り開こう」と謳っていますが、それもそういう意味です。連合は発足当初８００万組合員と言われましたが、民間大手と官公労が大部分を占めている。しかし、そのほかに70万人の民間中小の組合員がいるわけで、この70万人を結集して連合運動のもうひとつ柱を確立していこう、そのための触媒役を果たそうという考えです。ただ、私はこの文書の起草に加わってていませんが、よく考えると当時の金属機械とゼンキン連合と全国一般と一般同盟を足すと70万人くらいになる。そうするとゼンセン同盟は含まないことになります。どういう意味なのかはよくわかりませんが、それはともかくとして、２００３年に有名な連合評価委員会報告が発表されますが、その10年前に同じような意識で活動していこうと決めたとご理解いただきたいと思います。

資本主義は歴史的役割を終えた

本題に入ります。今年のＪＡＭ定期大会で、運動方針に関わる情勢資料として62頁の別冊が配られました。私が起案したもので、サブタイトルは「危機脱出の経済政策を求めて」となっています。「求めて」となっているとおり、明確な結論があるわけではありません。私は毎年、ＪＡＭ春闘方針のための情勢分析を担当しており、08年のリーマンショック以降に書かれた春闘経済情勢を整理したものです。今日はその内容をかいつまんでお話しします。

まず情勢認識ですが、ＪＡＭ２０１４～15年度運動方針をご紹介します。情勢のポイントとして日本社会の方向性について「持続可能な経済・社会の確立」という見出しで「安倍政権の経済政策は、働く者に犠牲をしわ寄せする、大企業本位の『構造改革』路線を復活させたものです」と書き始め、「旧来の重厚長大型産業・企業システムでは、働く者に安定した雇用も所得向上による生活水準の引き上げも保障されなくなった」と続けています。現代資本主義は勤労者の雇用と所得の犠牲の上にあり、そこから収奪することなしに利益を獲得できないという意味で、「アベノミクスはこれらの歴史的役割を終えた旧システムの温存を図るものです」と記述しました。資本主義は歴史的役割を終えたと。それは別冊でアベノミクスを「歴史の進歩に対する究極の反動」と断じているとおりです。

そして「国際的な環境変化への対応」という見出しで、経済のグローバル化について「労働市場と金融市場の規制緩和を原動力として進展してきました」と指摘しています。

労働市場・金融市場の規制緩和

労働市場の規制緩和は、ＩＬＯ（国際労働機関）発足以来、先輩たちが積み重ねてきた諸権利を奪い、勤労者からの搾取を可能にするものです。金融市場における規制緩和というのは、実物経済で利潤の獲得が難しくなったので、キャピタルゲインつまり有価証券や保有資産の価格上昇が利益を生んでいるだけ。実体経済たる生産拡大の結果ではない。グローバル化というのはそういう局面に来た資本主義であり、断末魔の表れです。

具体的には「不安定雇用の増大を梃《てこ》にした賃金低下」と指摘しています。95年に日経連が「新時代の日本的経営」の中で雇用ポートフォリオ（一覧）を出して以降、労働市場全体の不安定雇用が増大し、トータルで見た労働者への分配は減少し、それを背景に労組の交渉力の低下へと、政策的に進められました。当時は私たちも企業内の総額人件費抑制に向けた雇用政策という見方しかできずに対応が鈍かったことは否めません。その結果、「固定費削減、損益分岐点低下により企業の利益確保」という経営施策、要するに売上高が伸びない状況で利益を確保していくために固定費＝人件費を削減していくという企業のスタンスになかなか抗しえず、賃金の低下が進んでいった。

さらに「公営企業の民営化や大店法改正などの規制緩和も、大企業のビジネスチャンス拡大を意図して行われ」ました。民営化というのはそういう目的ですよね。連合の中でそう言うと、あまり機嫌が良くない産別組織もありますが……。もちろん労働運動の解体という目的もあったと思いますが、いずれにせよ簡単に許してはいけなかったと思います。大店法の改正で、各地の駅前がシャッター通りになっている。

そして「金融市場のバブルを継続的に生み出しながら、キャピタルゲインによる虚妄の利益拡大を追求」しました。連合もリーマンショック直後に「歴史の転換点にあたって─希望の国日本へ舵を切れ」という表題で、「市場原理主義の終焉へパラダイム転換を連合は先頭に立って牽引していく」という非常に優れた声明を出しましたが、いささか牽引力が弱かったのか「旧来の市場原理主義政策がゾンビのように復活しつつある」（JAM運動方針）のが現実です。だから「働くものの命と暮らしを守るために、持続可能な国民経済の再構築が求められています」。これがＪＡＭ今期運動方針の「情勢のポイント」の核心です。

歴史を振り返る

ここで、どういう経過を経て今日の状況があるかという歴史を見てみましょう。識者のなかには水野和夫さん（当時、日本大学国際関係学部教授。民主党政権の経済ブレーン）のように16〜7世紀から振り返る人もいますが、私は20世紀から見てみます。

まず１９２０年代末から30年代にかけて。大恐慌があり、ケインズが華々しく活躍した。一方、今では想像しにくいかもしれないが、ソ連社会主義がかなり精彩をはなっていました。スターリン体制が確立していく時代とも重なりますが。

余談ですが、リーマンショック以降の金融危機はアメリカからヨーロッパや日本に波及し、ＢＲＩＣＳ（ブリックス＝新興経済大国。ブラジル、ロシア、インド、中国、南アフリカ）諸国にまで世界中にひろがりましたが、大恐慌のときと決定的に違うのはソ連がないということです。大恐慌のとき、ソ連は恐慌の埒外《らちがい》にあり、経済発展過程にありました。アメリカをはじめ世界中が経済パニックに落ち込んでいるなかで、唯一ソ連向けの需要は旺盛で、生産減少の部分的な歯止めになっていました。その事実はあまり語られませんが指摘しておきたい。おもにアメリカから何万人もの労働者が失業対策としてソ連に出稼ぎや移民で行っている。当時は社会主義に対して警戒感はあるが、第2次大戦後の冷戦期ほどの嫌悪感はなくて、アメリカ商務省が率先してソ連移民の募集キャンペーンをやったこともあるほどです。ただ、その後、移民した人のかなりが消息不明になっており、その問題は旧ソ連・東欧でもまだタブーであまり追及されていないようです。

ケインズ左派の資本主義規制論

そういう時代の1936年に『アメリカ民主主義の経済綱領』という文書が発表されました。ケインズ主流派＝ニューディール左派と言われた、ハーバード大学やタフツ大学などのケインジアンたちがまとめた文書です。これを読むと、こんにちの我々から見ても驚くようなことが書かれています。都留重人さんの翻訳で言うと、「私企業はそれが自由放任されている限り、もはや人的物的資源の完全利用を達成する能力を失っている」と。つまり、民間営利企業＝株式会社が自由放任な投資をやっている限り、経済は回っていかないと。続いて「このような事態になったのは誰の責任でもない。資本主義世界の経済に構造的変化が生じたというのが真相なのだ。……いまや明瞭なことは、意識的な社会的行動を通して初めて国民所得の上昇を保証しうるような投資や消費の支出を確保できるという点である」と言っている。意識的な社会的行動というのは計画経済のことです。政府の調整介入が必要だと。結論としては、いわゆる混合経済よりも計画経済にかなり近い提案をしている。

もしも当時の世の中がそういう方向に進んだら、今日のような新自由主義がはびこることはなかったと思います。実際、当時のアメリカのケインズ派にアルヴィン・ハンセンという人がいまして、この人は当時親ケインズ的だったＴＮＥＣ（臨時全国経済委員会）で証言して政府にも多大な影響を与えた。いわば小泉内閣の経済財政諮問会議のなかの竹中平蔵さんのような位置にいた人で、もちろんその考え方は竹中さんとは正反対ですが、そのハンセンがアメリカ政府に指導したのはまさにここで書かれているような財政主導の計画経済でした。そういう雰囲気が当時はあった。ケインズ左派はマルクス経済学とも近づいている。

ケインズの最も有名な著書『雇用、利子および貨幣の一般理論』はいま言った『綱領』の２年前の１９３６年に発表されていますが、その著書の最後に近いところにこう書かれています。「資本需要に確たる限界があるのは確かだと思う」と。有効需要に限界があるということです。そして「このような事態はある程度の個人主義があるところではどこでも起こりうるだろう。だがいまや、この事態から帰結するのは、金利生活者の安楽死、それゆえ資本の希少価値を搾り取るために累積された資本家の抑圧的権力の安楽死である。……だから私は、資本主義の金利生活者的側面はその仕事が終えたら消え去る運命にある、資本主義の過渡的段階だと見ている。金利生活者的側面が消え去れば、資本主義の他の多くの側面も様相を一変させるだろう」と。この文章は、資本主義は続くだろうが、搾取のための権力は規制されるだろうというふうに読めます。そして、金利生活者・投資家が突然安楽死するような事態（革命的権力移行）より、イギリスでそうであるように少しずつ長い時間をかけておころほうが革命の必要がないだけ利点が大きいだろうと続いている。つまり、ロシアのボルシェビキ革命のように武装蜂起によるプロレタリア独裁は否定しています。しかし、大胆に言えば、武装蜂起して革命を起こすか、漸進的な改革を進めるか、道は異なるとしても資本主義の搾取構造を止めさせるという点は同じだと言い切っている。つまり、スウィージーなどの当時のアメリカのマルクス経済学者が「資本主義市場経済は歴史的使命を終えた」と語っていますが、ケインズ本人も、道筋はともあれ、行きつく先は同じようなものだと経済分析をしていたのではないかと思われます。

大恐慌と第2次大戦を経た後はどうなったか？　冷戦があり、一方、欧米や日本は福祉国家をめざしました。経済的には1944年のブレトンウッズ会議の固定相場制に基づくIMF・GATT体制が確立した。ヨーロッパの混合経済の基盤になったのが固定相場制です。

ブレトンウッズ会議では、永続する平和のために世界の貿易ルールを根本的に再構築する世界貿易機関（ITO）構想がケインズによって提案されました。そしてITO憲章がケインズ死後の1948年にハバナで起草され、通称ハバナ憲章と呼ばれています。当時のハバナはキューバ革命の前で、アメリカの信託統治でした。そのハバナ憲章は、公正な労働規範や賃金の向上を重視し、ILO協定の遵守を義務付けるなどの重要な条項が含まれていましたが、その先進性のためにアメリカ議会の承認を得られず、ついに日の目を見ませんでした。また、ケインズは第2次大戦後に各国が次々と廃止した金本位制に代えて、バンコールという国際通貨を作ることを提案したのですが、すでにイギリスに変わってアメリカの覇権が確立しており、金との兌換性をもった米ドルを機軸にしていくことになりました。そしてその固定相場制の下で資本統制により安価なエネルギー政策が進められました。さらに、日本では固定相場制の下で産業政策を護送船団方式で進め、高度経済成長を達成しました。

しかし、国際金融の世界では「自由な資本移動」「為替の安定」「柔軟な金融政策」の3つを同時に満たすことはできず、いずれはひとつを犠牲にしなければならないトリレンマが存在しています。金本位制では柔軟な金融政策が犠牲とされ、固定相場制では自由な資本移動が犠牲とされてきた。1971年に慢性的な国際収支の赤字に耐えかねてニクソン大統領がドルと金との兌換を停止してブレトンウッズ体制が崩壊し、自由な資本移動を可能とする変動相場制の時代になると為替の安定が犠牲になり、今日に至っています。

こうしたことを時代背景にして、日本の労働者の賃金闘争も確立していきます。1954年に5単産共闘があり、翌年に全国金属労組など3単産が加わって8単産共闘になった。春闘の始まりですね。その年、総評は高野事務局長から太田議長・岩井事務局長に代わり、本格的に春闘が進められます。一方、民間大手の労使協調路線が早くも台頭している。鉄鋼労連は57・59年にストライキを実施したが敗北し、一発回答が定着していきます。60年の三井三池闘争は敗北する。59年にIMF（国際金属労連）東京事務所が設置され、64年にIMF・JC（日本協議会）が結成され、67年には賃金闘争連絡会議が結成されます。

経済の話に戻して続けます。先ほど申し上げたとおり、アメリカの経常収支が赤字になり、ドルと金の兌換をもう維持できないとして、71年にドルと金の兌換を停止しました。ニクソンショックですね。その後、スミソニアン体制ができて新しい固定相場制がひかれ、1ドル360円が308円になる。が、これも長続きせず、73年2月から3月にかけて日本を含む主要先進国が変動相場制に移行した。時同じくして石油危機が発生します。つまり、60年代を通して欧米と日本の福祉国家を支えてきた前提条件である固定相場制や安価な石油が、70年代にことごとく崩れていったわけです。その一方でスタグフレーション（景気停滞期の物価上昇）が発生した。そこでそれまでの混合経済というケインズ理論（もどき）に対して、反ケインズ理論が台頭してきます。それが新自由主義です。

新自由主義への批判

じつは新自由主義的な考えには、それ以前から警鐘が鳴らされ、新自由主義とは異なる危機対応策が提起されていました。ガルブレイスは72年にアメリカ経済学会の会長に就任しますが、その前年にケインズの弟子のジョーン・ロビンソンを経済学会総会に招聘して『経済学第2の危機』と題する記念講演（イーリー講演）をさせており、そこでロビンソンはケインズ政策にいくつかの問題点を指摘しています。ひとつは公共投資の中身について、良い公共投資とそうでない公共投資があると。一番わかりやすいのは軍事支出であり、軍産複合体の問題です。当時はベトナム戦争の末期で、公的投資というと安易に軍事支出に走るという考え方が、民主党も共和党も含めてあった。もうひとつは、国内的にも南北間でも貧困と格差が拡大していること。さらに、企業活動によって環境問題や交通事故などが発生している事実。これらの問題は古典的なケインズ理論では解けない。ロビンソンはそれを指摘したわけですが、さかのぼればガルブレイスも１９６７年『新しい産業国家』のなかで解決策として計画経済化とか労組の機能などを書いている。だから、ケインズ左派と制度派経済学のガルブレイスはかなり共通点があったと思います。

そのころシカゴ大学にいた宇沢弘文さん（現・東大名誉教授）の著作を読むと、次のようなエピソードが紹介されています。１９７０年にチリに民主的選挙でアジェンデ社会主義政権が誕生したが、その３年後にＣＩＡの全面支援による軍事クーデターで打倒されます。そのとき宇沢さんは、クーデター成功の報に欣喜雀躍するフリードマン門下の新自由主義者たちを見て、シカゴ学派とは終生絶縁する決意をしたということです。そしてガルブレイスやロビンソンなどに触発され、74年に『自動車の社会的費用』を書き、個別資本は競争をしながら社会的均衡を作らなければならないという「社会的共通資本」論を明らかにしました。

大幅賃上げと生産性基準原理

そういう経済を背景にして、70年代春闘はどうだったか？　オイルショックで原油価格が上昇し、消費者物価も大幅に上昇するなかで、74春闘は32・９％という史上最高の大幅賃上げを勝ち取りました。これに対して日経連は「大幅賃上げの行方研究委員会」を発足し、その報告に基づきガイドポストを設定した。以前からあった生産性基準原理を前面に掲げ、翌75春闘は15％以内に抑え、76年以降は1ケタにすると宣言し、それを頑なに実行しました。私は76年就職なので、その意味ではずっと春闘連敗で、14回か15回まで数え、それからは数えるのをやめました（笑）。一方、労働組合サイドからも経済整合性理論というのが出てきます。

留意しなければならないのは、日経連の生産性基準原理に基づくガイドポストに対して、労働省出身で日本生産性本部の理論家であった金子美雄さんが異論を唱えたことです。74春闘の賃上げ率は32・9％だったが、消費者物価上昇率が20数％で、73年の実質GDP（国民総生産）の上昇率と定昇をあわせれば3割を超える、だからこの賃上げは高すぎないと。ところが、賃金闘争連絡会の金属労協の鉄の皆さん、とくに今のJAMが批判してやまない大手企業連の皆さんが経済整合性理論に基づいてガイドラインを呑み、その結果、75春闘は13・1％に終わった。このころから企業連の問題が大きくなります。それ以降、物価はかなり安定するようになったが、実質賃金が上がらない状況になった。

そこで佐々木孝男さんが登場します。彼は金子美雄さんの労働省時代の門下生で、金子さんが経済企画庁に移ったとき、一緒に佐々木さんを引っ張って行ったという人です。佐々木さんは同盟の賃金政策にかなり影響を与え、84年に逆生産性基準原理を主張した。佐々木さんによると、生産性基準原理というのはインフレ期に賃金の限度額を探り、生産性の範囲内に抑える理論だ。だから生産性の伸びに賃金上昇が見合っていない現状においては、物的生産性上昇に見合った賃金要求をすべきだと唱えました。ところがこのころになると支払能力論が横行し始めていた。企業は勝手なものです。生産性3原則とか言っておきながら、物価上昇率が下がってくると、生産性が高まっても支払能力がないと言ってくる。支払能力論は論外として、私は今日的に見て、生産性の上昇に見合った賃金要求というのはあり得る論理だと思います。ちなみに佐々木さんは、私が今勤めている連合総研の初代所長でして、連合総研発足のときには随分尽力された方です。

構造改革と規制緩和

そして、グローバル化と金融・労働市場の規制緩和という90年代を迎えます。

まず、このころに始まったデフレとは何か？　水野和夫さんは05年の『虚構の景気回復』という本で、90年代を振り返ってこう言っています。「こんにちの世界経済は、冷戦終結後のグローバル化とＩＴ革命による市場統合によって、国境という概念があいまいになりつつある」。そして「17世紀以来の国民国家に、『国家の退場』（スーザン・ストレンジ）を促すことになる」と。スーザン・ストレンジというのは『カジノ資本主義』の著者ですね。「つまり、世界は５００年ぶりに歴史的大転換期を迎えているのである。そうした水面下の構造変化が底流にあって、水面上に現象面としてデフレが生じている」と。つまり、単純な好況・不況という景気循環の話ではありませんよということだ。水野さんはさらに07年に『人々はなぜグローバル経済の本質を見誤るのか』という本を書いています。

そこで非常に明確に「グローバル化というのは、資本の反革命と国家の解体だ」と言っている。資本の反革命というのは、労働者の労働諸条件に攻撃をかけ、ここから搾取することなくして利潤を確保できないという意味です。この「資本の反革命と国家の解体」というのは水野さんが三菱UFJ証券のチーフエコノミストだったときの言葉ですが、同社のホームページに載りました。私はびっくり仰天し、目からうろこの思いで、確かにそうだよなと思ったものです。まさに資本の有機的構成の高度化に伴う利潤率の低下、高利潤につながる投資機会の減少の下でこうした事態が生じているのでしょう。

90年代は非常に大きな転機でした。構造改革とか規制緩和というのは小泉・竹中時代の産物という印象が深いんですが、じつは95年に「構造改革のための社会経済政策」という閣議決定があり、そのなかに自助努力とか自由な市場だとか新自由主義的な方針のエッセンスがある。それを起点にしてそれ以降一貫して進められた。その95年は自社さ政権で、総理大臣は村山富市さんです。村山さんは構造改革とか規制緩和とは何かということがわからなかったんでしょうね。保革3党連立だからやむをえない側面はあるが、そこまで譲歩して良いのか。私に言わせれば、安保・自衛隊問題の政策転換よりも、その罪は万死に値すると思います。それ以降、政府も経済界もその路線で突き進み、労使交渉について企業に有利なかたちで法改正がされた。

支払能力論と国際競争論

2000年代に入ります。まず01年に省庁再編があり、労働省は厚生省と合体して厚生労働省になりました。

財界は解雇規制緩和を求めるようになります。日本の解雇規制は厳しいという主張は大いなる誤解による面もあるだろうが、それよりも日本では希望退職とか肩たたきとか言っても実態は露骨な首切りだという現実を見据えなければならないと思います。新日鉄系列のシンクタンクの北井義久さんという人がいて、この人はもともと伊藤忠の研究所にいた人ですが、大企業は賃上げをしなくて良いからその原資をすべて系列の中小企業に配分せよ、それができなければ税金で召し上げよなんてことを平気で雑誌に書く人でして、2010年の『エコノミスト』に、次のような文章を書いています。

「日本に必要な成長戦略とは『賃上げゲターゲット』政策だ」と題し、「日本が先進国のなかで最も賃金抑制に成功した理由は、90年代半ば以降徐々に企業・労働者の交渉力を企業有利な方向に変化させてきたことにある」「中長期的な賃金抑制とそれによる企業収益の向上をめざした会社分割がこの10年で数多く実施されており、会社分割後に時間をかけて賃金切り下げや人員整理が行われている」と指摘し、「企業の雇用調整能力（経済情勢に応じた雇用増減余地）を著しく高めた非正規労働者に関する規制緩和の流れを逆転する必要がある」と言い、また「希望退職制度に関してもその功罪に関して……規制強化に踏み込む必要がある」と語っています。つまり、生産性3原則と言いながら、公正な配分は反故にされ、労使協調だけが残っている。支払能力論と国際競争論に押し切られているのが2000年代でしょう。

実体経済を食い尽くす金融資本

同様に注目すべき論文がこの時期にいくつか発表されています。

『軍事ケインズ主義の終焉』という論文が『世界』08年4月号に掲載されました。筆者はチャルマーズ・ジョンソン。70年代にロビンソンやガルブレイスが指摘した軍産複合体は結局アメリカ資本主義を食い尽くしてしまった、このまま行けば最終的に大きな破綻が訪れるというようなことを書いている。ジョセフ・E・スティグリッツも同じころに『世界を不幸にするアメリカの戦争経済 イラク戦費3兆ドルの衝撃』で警告を発していました。ではどうすれば良いのかといえば、当時のブッシュ政権が実施した高額所得者に対する減税策を廃止する、またアメリカが世界に作った800を超える軍事基地を撤去する、それぐらいやらないと財政破綻は免れないとジョンソンは言っている。彼は2~3年前に亡くなりましたが、いまの安倍政権を見たらなんと言うでしょうか?

また『すべての経済はバブルに通じる』という08年の著作があります。筆者は慶應義塾大学大学院経営管理研究科准教授の小幡績《おばたせき》さん。「金融資本は、あたかも意志を持つかのように自己増殖し、当初は経済を活性化するように見える。……増殖した金融資本は投資機会を求めて世界をさまよう。そして発見した投資機会において利益を実現し、投資機会を食い尽くす。……自己増殖を止めない金融資本は投資機会を自ら作り出すことを求める。……実体経済には過度の負担がかかり、金融資本に振り回されることになる。ここに、本来、実体経済の発展を支える存在であった金融資本が、自己増殖のために実体経済を利用するという主客逆転がおきる。そして、これが最終的には実体経済を破壊し、金融資本自身をも破滅させる」と。傾聴すべき指摘ではないでしょうか?

2014春闘情勢の見方

こうした流れの上に、2014春闘について考えたいと思います。

リーマンショック直前の時期は円安もあって原油価格が上昇し、2%くらいの物価上昇が続きました。そのころ経済財政諮問会議では、今の安倍さんや甘利さんと同じように賃上げの必要性が語られています。08年9月にリーマンショックがおこる1か月前の第21回会合後の記者会見で、与謝野大臣はある閣僚の発言として「現在の新価格体系というものに移行する移行過程においては、やはり商品価格に次々と転嫁していく必要があって、最終的にはノミナル(名目)な賃金上昇というものが必要である」という見解を紹介していますが、この閣僚というのは奇しくも今と同じ甘利さんです。続いて民間議員(経営者)から「賃金についていては我々ももちろんやるけれども、今回の対策、その他の対策で企業が来年の春闘で働く方々の要求を吸収できるよう、そういう状況を作り上げていかなければならない」と発言されたそうです。今回の対策というのは政府の景気対策のことです。つまり、このときは物価が上昇する中で政府も経営者も賃上げに前向きだった。いま政府や財界が賃上げについて語っているが、今回が初めてではない。あまりにも労働者生活が落下し、このままでは経済が持たないという認識があるのではないでしょうか？

高橋伸彰さん（立命館大学国際関係学部教授）が先日、連合総研のフォーラムでパネラーとして出席され、「春闘は1～2％なんてケチな要求ではなくて、この間、積み残してきた生産性向上に見合った7～8％くらい要求すべきだ」というような発言をされました。製造業が中心になり、きちんと生産性向上分を要求しなければ非製造業を含む経済全体に波及しないと。ちなみにドイツのＩＧメタル（ドイツ最大の労組である金属産業労組）は２００８年に８％要求をしたんですが、その論拠はまさに高橋さんと同じです。アメリカ・イギリス・フランスの賃金は生産性向上に沿って上がっているが、わがドイツは一番生産性が伸びているにもかかわらず賃金がほとんど伸びていないのはおかしいと主張し、最終的に４・１％プラス一時金という内容で18か月協約を結びました。日本でもせめてナショナルセンターはそれぐらいの主張をするべきではないか？　実際には単年度でこれだけ取るのは難しいと思うし、連合は大手企業連が中心ですからそう簡単ではないが……。ちなみにＪＡＭも定昇プラス１・５％要求なのであまり大きなことは言えません。それと生産性向上分については、物的生産性がいくら向上しても中小は大手に吸い上げられ、その大手はコストダウン分を安売り競争に浪費してしまうので、金額ベースによる見かけ上の付加価値生産性は上がっていない。有り体に言うと中小企業の労使が汗水たらして生み出した付加価値を大企業と産油国の王侯貴族が山分けしているのです。

資本論への道

最後に、『資本論』への道について申し上げます。ケインズが「搾取制度そのものが安楽死する」と言っていた資本主義を、どのように揚棄・止揚していくのかという問題です。

ロビンソンやガルブレイスの同期にミハウ・カレツキというポーランドの経済学者がいますが、有効需要と失業の問題について1933年に『景気循環理論概説』を書き、ケインズより先に有効需要の原理を論証した。彼は社会主義者で、資本論に依拠してそれを成し遂げました。残念ながらポーランド語だったので世界に広まりませんでしたが、日本では都留さんや伊東光晴さん、宮崎義一さん、間宮陽介さんなどがカレツキを評価し、その影響を受けています。

また、セルジュ・ラトゥーシュというフランスの経済学者が2010年に『経済成長なき社会発展は可能か?』という論文を発表しました。宇沢さんの「社会的共通資本」論とも重なるが、ポスト新自由主義と社会主義の問題について、脱成長型の社会発展について語り、パラダイム転換のときは成長至上主義は旧思考だと断言している。フランス国内では新しいコミュニズムの仮説という評価も受けています。

そうすると結局、議論は資本論に戻って行くのかなとも思います。引き続き研究すべき課題です。

（「現代資本主義と賃金闘争」労働大学調査研究所第22号（２０１３年12月）所収）

おわりに

著者は1990年から今日に至るまで、一貫して産業別労働組合（全国金属機械→JAM）の本部で経済情勢を中心とした情勢分析を主に担当してきた。その間、3年ほど連合総合生活開発研究所（連合総研）に出向し、そこでも各年の経済情勢報告を分担執筆してきた。実は産別本部での仕事を始める以前も、日産自動車の調査部で主として経済見通しの策定作業に従事していた。大学で学んだのは政治学史なので、経済が専門というわけではなかったが、40年以上にわたって我流の経済分析を続けるなかで、門前の小僧程度には経済社会を見渡す視座を獲得できて来たように思う。

学生時代に教室で学んだのはホッブス、ロック、ルソーなどの西洋政治思想が中心であったが、それら西欧起源の思想のなかから、人類に普遍的な概念を抽出しようとする思考作業の過程で、1970年代の学生運動の渦中で遭遇したカール・マルクスの思想の裡に、歴史の一段階である資本主義を超えた人類史の普遍的価値観を模索するようになった。例えば本書においては、経済分析に当たって『資本論』の経済学がベースとなり、労働者・労働組合の実践的課題に関しては『賃労働と資本』『賃金・価格・利潤』が教科書となり、ポスト資本主義社会を展望するに場合には『ドイツ・イデオロギー』『ゴータ綱領批判』を参照するといった具合である。

本書では直接マルクスに触れた言及は少ないが、J・S・ミルに関してはマルクスの評価を引用したり、アマルティア・センについてはマルクスの思想的影響（ちなみにセンの恩師は英国のマルクス経済学者モーリス・ドッブである）を指摘するといったように、底流にマルクス的判断基準が置かれていることに、本書を通読された読者は気付かれたであろう。とはいえ著者は別段マルクス主義者というわけではない（マルクス自身も、私はマルクス主義者ではないと言っているが）。本書のある個所では、20世紀型福祉国家の基礎理論であるケインズ経済学的な論点も見出されることを、賢明な読者は見抜かれたことと思う。著者の流儀はあくまで我流であって、40余年に及ぶ経済分析稼業の経験のみが批判的考察の拠り所である。著者が理想とするのはサイード的知識人、専門分野の中に安住することなく、社会の中で思考し煩悶し続けるアマチュアとして、常に勤労市民の立ち位置から、その行動綱領を言語化していくような有機的知識人なのだが、理想は遥かに遠い。

最後に本書の上梓にいたる経過に一言触れておく。当然想定されるように、このような本の出版を勧めてくれる者は皆無であった。それにも拘わらず、かねてより秘めていた、背表紙に自分の名前を印刷した本の著者になるという願望を断ちがたく、今年（２０１９年）の年明け早々、連合総研出向時代からの知己である旬報社の編集者、古賀一志氏に本書の計画を打ち明けてみた。意外にも古賀氏は前向きに受け止めて、以降、旬報社内で企画策定から章立てなどの構成まで、上梓に至る全過程を取り仕切ってくれた。こうした古賀氏の理解と尽力がなければ、本書が世に出ることは決してなかったであろう。ここに記して心からお礼を申し上げたい。

なお本書のタイトル『人間を幸福にしない資本主義』は、デジタル版「現代の理論」（第11号２０

17・2・5、第12号2017・5・10）に掲載された論考（本書の第1章および第2章）から採ったものだが、この論考は著者がそれ以前に発表してきた作品の集大成的な性格のものであり、本書所収の他の論考と記述が部分的に重複している。しかし、それぞれに独立した作品として発表された経緯に鑑みて、一冊にまとめるにあたっても、あえて重複の調整は行わなかったことをお断りしておく。

【参考文献】

Colin.Crouch（2011）"The Strange Non-death of Neoliberalism " Polity Press

Richard V.Gilbert et al.（1938）"An Economic Program for American Democracy" The Vanguard Press

Paul.Hirst（1994）"Associative Democracy" Polity Press

有井行夫『株式会社の正当性と所有理論』青木書店、１９９１年（桜井書店から復刻）

アーレント、ハンナ（志水速雄訳）『人間の条件』筑摩書房、１９９４年（原題：Hannah Arendt（1958）, The Human Condition）

石水喜夫『現代日本の労働経済』岩波書店、２０１２年

岩尾裕純『企業・経営とは何か』岩波書店、１９６６年

岩本沙弓『バブルの死角』集英社新書、２０１３年稲上毅『ヴェブレンとその時代』新曜社、２０１３年

宇沢弘文『ヴェブレン』岩波書店、２０００年

宇沢弘文『経済学と人間の心』東洋経済新報社、２００３年

ヴェブレン、ソースタイン（高哲男訳）『有閑階級の理論』講談社、２０１５年（原題：Thorstein Veblen（1899）, The Theory of the Leisure Class）

ヴェブレン、ソースタイン（小原敬士訳）『企業の理論』勁草書房、１９９６年（原題：Thorstein Veblen（1904）, The Theory of Business Enterprise）

太田薫『春闘の終焉』中央経済社、１９７５年

大塚久雄『株式会社発生史論』（大塚久雄著作集第1巻）岩波書店、１９６９年

大塚久雄「講義草稿 企業集中論」（大塚久雄著作集第10巻）岩波書店、１９７０年

奥村宏『株式会社はどこへ行く　株主資本主義批判』岩波書店、２０００年

金子良事『日本の歴史を賃金から考える』旬報社、２０１３年
クイギン、ジョン（山形浩生訳）『ゾンビ経済学 死に損ないの5つの経済思想』筑摩書房、２０１２年（原題：John Quiggin (2012). Zombie Economics: How Dead Ideas Still Walk Among Us)
久原穏『「働き方改革」の嘘 誰が得をして、誰が苦しむのか』集英社新書、２０１８年
経済産業省「持続的成長への競争力とインセンティブ」（伊藤レポート）、２０１４年
小島健司『春闘の歴史』青木書店、１９７５年
駒村康平『中間層消滅』角川新書、２０１５年
佐々木孝男「〝逆〟生産性基準原理の定昇」経済・社会政策研究会（１９８４年）
佐藤宏「古典派経済学の定常状態論」政策科学学会年報第3号（２０１３年）
シュトレーク、ヴォルフガング『時間稼ぎの資本主義』みすず書房、２０１６年（原題：Wolfgang Streeck (2013). GEKAUFTE ZEIT Die vertagte Krise des demokratischen Kapitalismus)
神野直彦『「人間国家」への変革 参加保障型の福祉社会をつくる』NHK出版、２０１５年
杉原四郎『J・Sミルと現代』岩波書店、１９８０年
橘木俊詔・広井良典『脱「成長」戦略 新しい福祉国家へ』岩波書店、２０１３年
都留重人『体制変革の政治経済学』新評論、１９８３年
都留重人（中村達也・永井進・渡会勝義訳）『制度派経済学の再検討』岩波書店、１９９９年（原題：Shigeto Tsuru (1993). Institutional Economics Revisited)
都留重人『市場には心がない』岩波書店、２００６年
ドーフマン、ジョセフ（八木甫訳）『ヴェブレン その人と時代』ホルト・サウンダース・ジャパン、１９８５年（原題：Joseph Dorfman (1934). Thorstein Veblen and his America)
日経連「新時代の『日本的経営』」（１９９５年）

ハーヴェイ、デヴィッド『資本主義の終焉』作品社、２０１７年（原題：Devid Harvey (2014), The 17 Contradictions of Capitalism）

ハーバーマス、ユルゲン（細谷貞雄・山田正行訳）『公共性の構造転換―市民社会の一カテゴリーについての探究』未来社、１９９４年（原題：Jurgen Habermas (1962), Strukturwandel der Offentlichkeit: Untersuchungen zu einer Kategorie der burgerlichen Gesellschaft）

ピケティ、トマ『21世紀の資本』みすず書房、２０１４年（原題：Thomas Piketty (2013), Le capital au XXIe siecle）

ヒルファーディング、ルドルフ（岡崎次郎訳）『金融資本論』岩波書店、１９５５〜１９５６年（原題：Rudolf Hilferding (1910), Finance Capital. A Study of the Latest Phase of Capitalist Development）

中野嘉彦『マルクスの株式会社論と未来社会』ナカニシヤ出版、２００９年

広井良典『定常型社会 新しい「豊かさ」の構想』岩波書店、２００１年

広井良典『ポスト資本主義 科学・人間・社会の未来』岩波書店、２０１５年

平川克美『株式会社という病』文藝春秋（文庫）、２０１１年

ポランニー、カール（野口建彦・栖原学訳）『大転換』東洋経済新報社、２００９年（原題：Karl Polanyi (1944), The Great Transformation）

松原智雄「マルクスの株式会社論：『経済学批判要綱』の検討」經濟學研究（北海道大学経済学研究）24巻１号（１９７４年）

丸山真男『日本の思想』岩波書店、１９６１年

水野和夫『資本主義の終焉と歴史の危機』集英社、２０１４年

水野和夫『株式会社の終焉』ディスカヴァー・トゥエンティワン、２０１６年

ミル、Ｊ・Ｓ（戸田正雄訳）『経済学原理』春秋社、１９３９年（原題：J.S.Mill (1848), Principles of Political Economy with Some of Their Applications to Social Philosophy）

ミル、J・S（朱牟田夏雄訳）『ミル自伝』岩波書店、1960年（原題：J.S.Mill (1873), Autobiography）
ミル、J・S（斉藤悦則訳）『自由論』光文社、2012年（原題：J.S.Mill (1859), On Liberty）
ルソー、J・J（桑原武夫・前川貞次郎訳）『社会契約論』岩波書店、1954年（原題：Jean-Jacques Rousseau (1762), Du Contrat Social ou Principes du droit politique）
連合総研「90年代の賃金」（1992年）
連合総研「「好循環」への反転をめざして」2014～2015年度経済情勢報告、2014年
ロック、ジョン（加藤節訳）『完訳　統治二論』岩波書店、2010年（原題：John Locke (1689), Two Treatises on Government）
ロドリック、ダニ（柴山桂太・大川良文訳）『グローバリゼーション・パラドックス』白水社、2014年（原題：Dani Rodrik (2011), The Globalization Paradox）

著者紹介

早川行雄（はやかわ　ゆきお）

1954年兵庫県生まれ。成蹊大学法学部卒。日産自動車調査部、総評全国金属日産自動車支部（旧プリンス自工支部）書記長、ＪＡＭ副書記長、連合総研主任研究員、ＪＡＭ共創イニシアティブ推進室長などを経て現在ＪＡＭシニアクラブ事務局次長、日本労働ペンクラブ幹事、労働審判員。

人間を幸福にしない資本主義

——ポスト「働き方改革」

2019年10月11日　初版第1刷発行

著　　者　早川行雄
本文イラスト　藤岡小百合
装　　丁　Boogie Design
発 行 者　木内洋育
編　　集　古賀一志
発 行 所　株式会社 旬報社
〒162-0041 東京都新宿区早稲田鶴巻町544 中川ビル4階
Tel03-5579-8973　Fax03-5579-8975
ホームページ　http://www.junposha.com/
印刷製本　中央精版印刷株式会社

ISBN 978-4-8451-1610-2